KB010521

運命을 보는 法

修勳：李 揆 東 編纂

서 문

역서(易書)란?

우주(宇宙)의 천체(天體)는 끊임없이 돌고 돌아 세월(歲月)은 물결이 흘러가듯 過去, 現在, 未來를 향해 흘러가는데 인생(人生)의 길흉회복(吉凶禍福)을 예지(預知)할 수 있는 학문(學文)은 없을까 생각하던 중 편(編)자는 감히 역서(易書)를 편찬(編纂)하게 된 것입니다.

옛 문원 사서오경(四書五經)에 이르기를 역경(易經)이라 하는 주역(周易)은 점서(占書)일뿐 아니라 처세(處世)에 관한 지혜(智慧)를 무한히 내포하고 있음으로 인간의 미래를 알 수 있음은 물론 사람이 살아가는데 보탬이 될 수 있는 학문이라고 필자는 생각하는 바입니다.

옛 성현(聖賢)들께서 편찬(編纂)한 주역(周易)은 보기도 어렵고 근접할 수가 난해함이 있음으로 누구나 접할 수 있고 알기 쉽도록 하여 자신의 운명을 자신이 예견할 수는 없을까 생각하던 중 법왕불교대학 서울 분 학장으로 재임 중 명리학(命理學) 성명학(姓名學)을 강의(講義)하면서 간편하고 최대한 알기 쉽도록 누구나 접할 수 있고 조금이나마 예견 할 수 있도록 하였습니다.

이 책을 만들기까지 법왕불교대학 설립자 초대총장이신 일석 지안 존자님과 현재 학장이신 일산 법진 큰스님께 감사를 드립니다. 그리고 서기2010년도에 원적에 들으신 광주 분학장 광범(光梵) 오영근(吳榮根) 학장님께도 감사를 드립니다. 한 말씀 더 들이면 이 책의 부록에 성명학과 래정법(來情法)과 명리학 운명잡학을 수록하였으니 많이 참고하시기 바랍니다.

서기 2022. 04. 01

修勳 : 李 揆 東 著者

추 천 서

역(易)의 대의(大義)는 천지(天地) 일월성신(日月星辰) 삼라만상(森羅萬象)의 생성변화(生成變化)에 대한 원리(原理)를 인생(人生)의 삶의 길흉화복(吉凶禍福)을 감평(鑑評)하는 학술(學術)로 전개(展開)함에 있어 주역(周易)은 고루 골고루 살피는 것이 주(周)요, 해와 달과 별이 바로 역(易)입니다.

주역을 사용(使用)하여 인생(人生)의 운명(運命) 길흉화복(吉凶禍福)을 예지함에 있어 난해(難解)함을 인지하신 수훈(修勳) 이 규동(李 揆東) 교수(敎授)님을 알게 된 것은 25년전 법왕불교대학(法王佛敎大學)에서 부처님의 인연으로 소승(小僧) 법진(法眞)과 알게 된 것입니다.

현재는 법왕법사단 단장을 역임하고 있으며 한국 서예미술진흥협회 초대작가. 한국서예미술 진흥협회 이사. 부회장. 전국서예미술 공모대전 심사위원장으로 게시면서도 후학을 위하여 신간 "운명을 보는 법" 책을 출간(出刊)함에 있어 부록(附錄)에 성명학(姓名學)과 래정법(來情法) 명리학(命理學) 잡학(雜學)을 추가한 것은 陰陽五行學을 연구(研究)하고 운명(運命)을 감정(鑑定)함에 있어 필히 있어야 할 역서임이 인정됨으로 추천하고 찬사를 보냅니다.

서기 2022. 04. 11. 출간

법왕불교대학장 : 법진 합장

목   차

제1장 : 주역(周易)

제 2 장 姓名學

제 3 장 來情法秘文

제 4 장 命理學

제 5 장 斷時占

제 6 장 運命鑑定雜學

제1장 주역(周易)이란?

고대(古代)에는 삼역(三易)이 있었습니다.

첫째 : 연산역(連山易)은 연산씨(連山氏)는 신농씨(神農氏)의 별칭(別稱)으로서 신옥씨시대(神農氏時代)의 역(易)으로 본다.

둘째 : 귀장역(歸藏易은) 귀장씨(歸藏氏)는 황제씨(黃帝氏)의 별칭(別稱)으로서 황제시대(黃帝時代)의 역(易)으로 본다.

셋째 : 주역(周易)은 주(周)나라 문왕(文王)때에 역(易)으로 보고있다. 주역(周易)이란 주나라 때에 역학(易學)이 제일 대성(大成)해서 주역(周易)이 되었다합니다.

역경(易經)이라고도 불리는 주역(周易)은 삼경(三經)과 사서오경(四書五經)에 포함되어있는 경서(經書)로서 가장 심오한 원리를 내포하고 있는 우주론적(宇宙論的) 철학(哲學)이며 과학(科學)이며 종교(宗敎)이며 처세훈(處世訓)의 지혜(智慧)를 내포하고 있는 신비스러운 예견서(豫見書)라 하겠습니다.

역(易)이란 글자를 살펴보면 동자(同字) 이음어(異音語)로서 쉽다. 다스린다하면 쉬울 이(易)자로 불리고 변(變)한다. 바꾼다 하면 바꿀 역(易)자로 불린다. 여기서는 역으로 쓰이는데 易經이라고 하는 경서는 우주 만물의 생성과 운행 시시각각으로 변하고 있는 대자연 속에서 생활하고 있는 인간 또한 변하기에 역자를 쓴 것이라 하겠다.

또한 易자가 고대 상형문자를 쓸 때에는 도마뱀을 그려 넣었다하는데 도마뱀은 12시층으로서 하루에 빛 갈이 12번이나 변하기 때문이다. 뿐만 아니라 서죽(筮竹)을 셈할 때 그 數의 변화에 의해 점(占)을 치는데서 점서서 (占筮書)에 역이라는 이름이 주어진다.

易學의 根本은 하도낙서(河圖洛書)에서 비롯되었으며 數의 근간(根幹)을 두고 있다. 하도(河圖)는 용마하도(龍馬河圖)를 말함이요. 락서(洛書)는 신구락사(神龜洛書)를 말함인데 근래에는 용마하도의 도(圖)와 신구낙서의 서(書)를 따서 도서(圖書)라고도 합니다.

용마락서(龍馬河圖)는 지금부터 약 六천년전 태호복희씨(太昊伏羲氏)때에 나온 말로서 황하강(黃河江)에서 나온 龍과 같이 생긴 말의 등에서 무슨 점선이 있었다. 이것은 천기(天機)의 비밀부호(秘密符號)인데 복희씨(伏羲氏)는 이를 보고 역경(易經)의 卦(괘)를 지어 우주 만물의 생성원리(生成原理)를 논했던 것입니다.

신구락서(神龜洛書)는 하우시대(夏禹時代)의 우왕(禹王)으로부터 약 1천년 후 주문왕(周文王)이 락서(洛書)를 기초(基礎)로 하여 오행법칙(五行法則)을 만든 것이 역학(易學)이며 그것이 오늘날에는 주역(周易)이라는 이름으로 불리고 있다. 역(易)의 근원(根源)은 태극(太極)이다. 태극(太極)이란 기울면 차고 차면 기운다는 이치(理致)인데 천지(天地)에는 하나의 기(氣)가 있을 따름이다.

다만 하나의 기(氣)가 동(動)움직임과 정(靜)고요함이 있어서 음(陰)과 양(陽)으로 나누어진 것이다. 이 태극(太極)에서 음양(陰陽) 즉 양의(兩儀)에서 사상(四象)이 생겨나니 사상(四象)이란? 노양(老陽) 소양(少陽) 노음(老陰) 소음(少陰)을 말하며. 노(老)란 동(動)이 극(克)에 이르고. 정(靜)이 극(克)에 이른 상태이니 태양(太陽)과 태음(太陰)을 말함이요.
소(少)란? 동(動)하기 시작(始作)함과 정(靜)하기 시작함이니 소양(少陽)과 소음(少陰)을 말한다.

사상(四象)에서 팔괘(八卦)가 생겨나고. 팔괘(八卦)는 다시 육십사괘(六十四卦)가 생겨나고 육십사괘(六十四卦)는 다시 4096괘가 생겨나나 현재는 64卦만으로 吉凶을 예측(豫測)한다. 六十四卦에는 각 卦마다에 효(爻)를 달아 주는데 卦마다 六爻를 달아 384爻로 하여금 우주 만물에서부터 동서남북 사시사철 인간에 이르기까지 변화 하는 모든 것을 예측할 수 있는 것이다.

역(易)을 강성(構成)하는 4가지 요소는 상(象). 사(辭). 변(變). 점(占)인데 象은 괘 상이며 천지 만물을 상징하는 것이며. 辭는 괘사로서 처세의 道를 나타내는 것이고. 變은 괘 효의 변화로서 천지인륜(天地人倫)의 변화의 도를 나타내는 것이고. 점(占)은 점단(占斷)으로서 미래를 예고하는 것이다. 하여 역(易)은 천지(天地)와 일치한 것입니다. 따라서 전지의 도(道)는 모두 이속에 포용되어 있다. 위로는 일월성신(日月星辰)을 나타내는 천문(天門)으로부터 아래로는 산천초목(山川草木)을 만들어 내는 땅의 진리(眞理)를 포괄적으로 관찰(觀察)하고 이것을 체계화한 것이 역인 것입니다.

그러므로 역의 원리는 눈에 비치는 세계뿐만이 아니라 눈에 보이지 않는 세계에도 통용된다. 그렇기 때문에 역의 원리는 삶과 죽음은 물론이 거니와 행복(幸福)과 불행(不幸)에 이르기 까지 천지의 움직임을 그대로 비쳐낸 것이니 신통하기 그지없다. 역의 지식(知識)은 만물(萬物)을 덮고. 역(易)의 도(道)는 천하(天下)를 구한다. 따라서 천지간(天地間)에 막힘이 없다. 그러므로 역(易)의 법칙(法則)에는 추호(追號)도 지나침이 없다 하겠습니다.

■ 사상팔괘도표(四象八卦圖表)

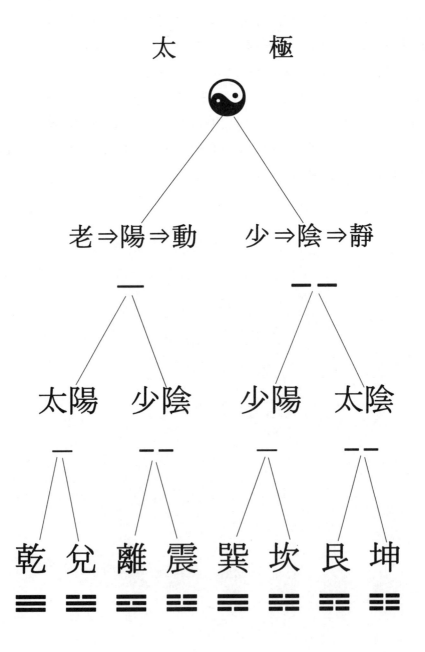

◨ 용마하도(龍馬河圖)

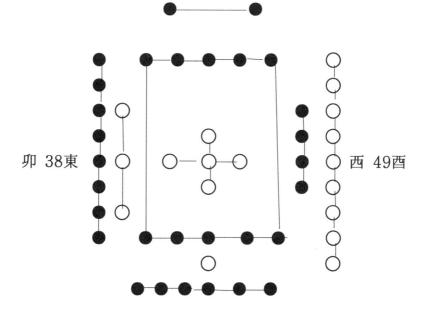

午
27
南

卯 38東

西 49西

北
16
子

◼ 선천팔괘도(先天八卦圖)

天

日　　　　　　　　　　　　月

地

▣ 신구락서도(神龜洛書圖)

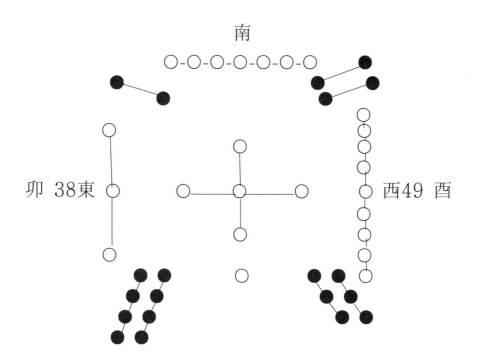

■ 후천팔괘도(後天八卦圖)

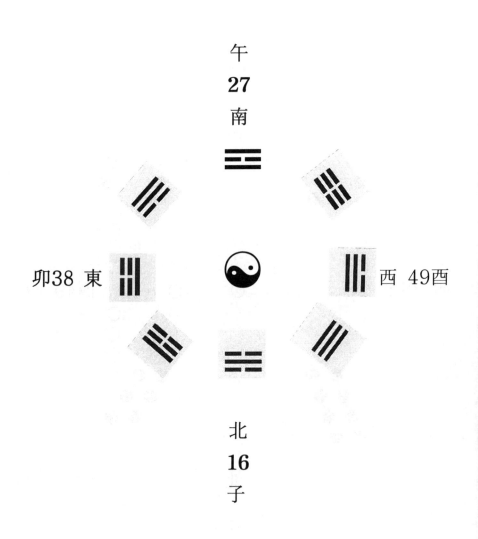

◎ 주역(周易)에는 아래와 같은 팔괘가 있다.

  1) 乾 卦(건괘)
  2) 兌 卦(태괘)
  3) 離 卦(이괘)
  4) 震 卦(진괘)
  5) 巽 卦(손괘)
  6) 坎 卦(감괘)
  7) 艮 卦(간괘)
  8) 坤 卦(곤괘)

◎ 팔괘의 수와 물상(八卦의 數와 物象)

(팔괘)	(수순)	(물상)
一 乾 天 (일건 천)	1이고	하늘이다.
二 兌 澤 (이태 택)	2이고	연못이다.
三 離 火 (삼이 화)	3이고	불이다.
四 震 雷 (사진 뇌)	4이고	우뢰이다.
五 巽 風 (오손 풍)	5이고	바람이다.
六 坎 水 (육감 수)	6이고	물이다.
七 艮 山 (칠간 산)	7이고	산이다.
八 坤 地 (팔곤 지)	8이고	땅이다.

◉ 양괘와음괘(陽卦와陰卦)

陽 卦 : 건. 진. 감. 간.(乾 震 坎 艮)

陰 卦 : 곤. 리. 손. 태.(坤 離 巽 兌)

◎ 팔괘암기법(八卦暗記法)

乾三連(건삼연) 삼획이 모두 연결

兌上節(태상절) 삼획중 상획만 끊김

離虛中(이허중) 삼획중 중획만 끊김

震下連(진하연) 삼획중 하획만 연결됨

巽下節(손하절) 삼획중 하획만 끊김

坎中連(감중연) 삼획중 중간만 연결됨

艮上連(간상연) 삼획중 상획만 연결됨

坤三節(곤삼절) 삼획이 모두 끊김

◉ 팔괘의 음양과 오행(八卦의 陰陽과 五行)

(수순)	(팔괘)	(음양)	(오행)
一.	乾	老陽	金
二.	兌	少陰	金
三.	離	少陰	火
四.	震	少陽	木
五.	巽	少陰	木
六.	坎	少陽	水
八.	艮	少陽	土
九.	坤	老陰	土

■ 주역육십사괘(周易六十四卦)

육십사괘에는 소속된 오행이 있으니 암기해 두어야 육효를 풀 수 있다. 아라비아 숫자는 세효(世爻)를 붙이는 자리니 암기해야합니다.

● 양궁(陽宮)속한도표

☰ 乾 宮 金 **건 궁 금**	☵ 坎 宮 水 **감 궁 수**	☶ 艮 宮 土 **간 궁 토**	☳ 震 宮 木 **진 궁 목**
☰ 乾 爲 天 6 ☰ **건 위 천**	☵ 坎 爲 水 6 ☵ **감 위 수**	☶ 艮 爲 山 6 ☶ **간 위 산**	☳ 震 爲 雷 6 ☳ **진 위 뢰**
☰ 天 風 姤 1 ☴ **천 풍 구**	☵ 水 澤 節 1 ☱ **수 택 절**	☶ 山 火 賁 1 ☲ **산 화 비**	☳ 雷 地 豫 1 ☷ **뢰 지 예**
☰ 天 山 遯 2 ☶ **천 산 둔**	☵ 水 雷 屯 2 ☳ **수 뢰 둔**	☶ 山 天 大畜 2 ☰ **산 천 대축**	☳ 雷 水 解 2 ☵ **뢰 수 해**
☰ 天 地 否 3 ☷ **천 지 비**	☵ 水 火 旣濟 3 ☲ **수 화 기제**	☶ 山 澤 損 3 ☱ **산 택 손**	☳ 雷 風 恒 3 ☴ **뇌 풍 항**
☴ 風 地 觀 4 ☷ **풍 지 관**	☱ 澤 火 革 4 ☲ **택 화 혁**	☲ 火 澤 暌 4 ☱ **화 택 규**	☷ 地 風 升 4 ☴ **지 풍 승**
☶ 山 地 剝 5 ☷ **산 지 박**	☳ 雷 火 豐 5 ☲ **뇌 화 풍**	☰ 天 澤 履 5 ☱ **천 택 이**	☵ 水 風 井 5 ☴ **수 풍 정**
☷ 水 地 晋 4 ☷ **수 지 진**	☷ 地 火 明夷 4 ☲ **지 화 명이**	☴ 風 澤 中孚 4 ☱ **풍 택 중부**	☱ 澤 風 大過 4 ☴ **택 풍 대과**
☲ 火 天 大有 3 ☰ **화천대유**	☷ 地 水 師 3 ☵ **지 수 사**	☴ 風 山 漸 3 ☶ **풍 산 점**	☱ 澤 雷 隨 3 ☳ **택 뇌 수**

◉ 음궁(陰宮)속한도표

☴ 巽宮木 손궁목	☲ 離宮火 이궁화	☷ 坤宮土 곤궁토	☱ 兌宮金 태궁금
巽 爲 風 6 손 위 풍	離 爲 火 6 이 위 화	坤 爲 地 6 곤 위 지	兌 爲 澤 6 태 위 택
風 天 小畜 1 풍천소축	火 山 旅 1 화 산 여	地 雷 腹 1 지 뢰 복	澤 水 困 1 택 수 곤
風火家人 2 풍화가인	火 風 鼎 2 화 풍 정	地 澤 臨 2 지 택 임	澤 地 萃 2 택 지 췌
風 雷 益 3 풍 뢰 익	火水未濟 3 화수미제	地 天 泰 3 지 천 태	澤 山 咸 3 택 산 함
天 雷 无妄 4 천뢰무망	山 水 蒙 4 산 수 몽	雷天大壯 4 뢰천대장	水 山 蹇 4 수 산 건
火 雷 噬嗑 5 화뢰서합	風 水 渙 5 풍 수 환	澤 天 快 5 택 천 쾌	地 山 謙 5 지 산 겸
山 雷 頤 4 산 뢰 이	天 水 訟 4 천 수 송	水 天 需 4 수 천 수	雷山小過 4 뢰산소과
山 風 蠱 3 산 풍 고	天火同人 3 천화동인	水 地 比 3 수 지 비	雷澤歸妹 3 뢰택귀매

▣ 비신(飛身)붙이는 法

비신(飛身)이란?
내외괘(內外卦)에 소속된 육갑신(六甲身) 즉 干支를 말하는데
비신(飛身)의 정국(政局)은 다음과 같다.

◉ 비신팔괘납갑법(飛身八卦納甲法)
아래서부터 초효(初爻)가 시작된다.

乾金	兌金	離火	震木	巽木	坎水	艮土	坤土
戌	未	巳	戌	卯	子	寅	酉
申	酉	未	申	巳	戌	子	亥
午壬	亥丁	酉己	午庚	未辛	申戊	戌丙	丑癸
辰	丑	亥	辰	酉	午	申	卯
寅	卯	丑	寅	亥	辰	午	巳
子甲	巳丁	卯己	子庚	丑辛	寅戊	辰丙	未乙

◉ 卦를 얻는 方法

괘효를 얻는 방법은?

十八변법. 六變법. 二變법. 척전법. 솔잎전법 등 여러 가지가 있다.
편의상 二變 법으로 예를 든다.

◎ 대년산책 五十개 산가지(算加知)를 가지고 양손에 갈라 쥔 다음 오른손에 있는 산책의 수를 세어 八八 제지하여 나머지 수로 上卦를 정한다.

◎ 다음 왼손에 있는 지책(地策)의 산(算)가지를 八八 제지하여 나머지 수(數)를 하괘(下卦)로 정한다. 上卦와 下卦를 定한 다음 상하 괘를 정한 산 가치를 합하여 六六 제지하여 나머지 수를 동효(動爻)로 정하는데 수가 六미만이면 수에 따라 순행 하고 넘으면 넘는 대로 初爻부터 順行한다.

1이면 1효에 동효가 붙고
2이면 2효에 동효가 붙고
3이면 3효에 동효가 붙고
4이면 4효에 동효가 붙고
5이면 5효에 동효가 붙고
6이면 6효에 동효가 붙고
7이면 6을 제하고 初爻에 動爻가 붙게 된다.

◎ 그리고 동(動)하면 변(變)하게 되는데 양효(陽爻)가 동하면 음효(陰爻)로 변(變)하고. 음효(陰爻)가 동(動)하면 양효(陽爻)로 변(變)한다. 양동(陽動)하면 부표를 ○ 하고,
음동(陰動)하면 부표를 × 한다.

◉ 변효(變爻) 붙이는 法

변효란?

동효가 변하여 다른 괘신(卦身)의 동효(動爻)의 위치에 소속 되는 것을 말한다.

즉. 동이 된 효가 양이면 양변 음이 되고 동이 된 효가 음이 면 음변 양이 된다.

따라서 음양이 바뀜에 따라 괘가 변하고 괘가 변함에 따라 그 괘에 소속된 비신(飛身)도 바뀌는 것인데 오직 동하게 된 효에 한해서 비신만 표시하여야 한다.

(예)

첫째 얻은 효수가 4

두 번째 얻은 효수가 7

세 번째 얻은 효수가3이 나왔다면 다음 예와 같다.

```
山 七 山        寅  ·
雷 四 火        子  ‥
頤 · 賁         戌  ‥ 世
    三          辰  ‥ 動 亥 變 才
               寅  ‥
               子  ·  應
```

진목궁(震木宮)의 3효가 동효(動爻)이니 3효는 음변(陰爻)이니 동 (動)하여 양효(陽爻)로 변하였다. 그러므로 3효가 양효(陽爻)로 변 (變)함에 따라 진괘(震卦)가 이괘(離卦)로 변(變)하였고 이화궁(離火 宮)에 비신(飛神)이 卯丑亥 酉未巳의 원칙에 의하여 初爻 二爻는 버리고 3효에 亥가 동효(動爻)에 닿으니 바로 3효의 亥가 동효(動 爻)입니다.

◉ 身命 붙이는 法

子午持世 － 身居初　命居四
자오지세　　신거초　명거 4
丑未持世 － 身居二　命居 五
축미지세　　신거 2　명거 5
寅申持世 － 身居三　命居 六
인신지세　　신거 3　명거 6
卯酉持世 － 身居四　命居一
묘유지세　　신거 4　명거 1
辰戌持世 － 身居五　命居二
진술지세　　신거 5　명거 2
巳亥持世 － 身居六　命居三
사해지세　　신거 6　명거 3

(예)

26.3 澤水困 金 인신세 신거 3　명거 6
命 父 未 ‥
兄 酉 ·
孫 亥 · 應
身 官 午 ‥ 動 음변 양이므로 손궁 비신 酉兄
父 辰 ·
才 寅 ‥ 世

※ 세효가 초효에 임하니 寅이 세효일 경우 3효에 身 6효에
命이 붙는다.

◉ 복신(伏神) 찾는 法

복신이란?

괘내에 출현되지 않은 육친을 말하는바 隱伏(은복) 또는 沒神
(몰신) 이라고도 한다.

괘의 용신을 정하거나 육신관계의 형세를 살피는데 있어 육
신이 없는 것을 복신 이라고 하는 것이다.

◎ 복신을 찾는 법은 다음과 같다.

(예)

15 天 風垢金   才爻가 은복 되었다.

$$父 \ 戌 \cdot$$
$$兄 \ 申 \cdot$$
$$官 \ 午 \cdot 應$$
$$兄 \ 酉 \cdot$$
$$孫 \ 亥 \cdot (伏 \ 寅 \ 才)$$
$$父 \ 丑 \cdot \cdot 世$$

※ 天風垢 괘는 乾宮에 있는바 건궁의 納甲 (子寅辰 午申戌)
  중 2효인이 인이 伏神이므로 才爻가 복신이다.

◎ (주 의)

괘의 원신 비신은 팔괘의 종류에 따라 건궁(子寅辰 午申戌)등
소성괘(小成卦)의 납갑법(納甲法)에 의하여 비신(飛神)을 붙이
고 몰신(沒神)은 上下로구성된 대성괘(大成卦)가

어느 궁에 속해있는가를 알아서 납갑 법 순으로 효를 짚어
복신을 찾아야한다. 이 말은 내 괘와 외 괘가 다르게 조직되었

을 때를 大成괘라하고 본궁대로 되었을 때는 小成괘이니 잘 관
찰 하여야한다.

◎ 大成괘 身命 찾는 법

命　位	身　位	世　位
4 효	1 효	子　午
5 효	2 효	丑　未
6 효	3 효	寅　申
1 효	4 효	卯　酉
2 효	5 효	辰　戌
3 효	6 효	巳　亥

(예) 화수미제(火水未濟)火 이화궁(離火宮)에 있습니다.

```
兄 巳  ·應 ※ 이 괘는 亥子水 官이 복신이다.
孫 未  ··   火水未濟는 이화궁에 속하으로
才 酉  ·   납갑이 (卯丑亥 酉未巳)인바
兄 午  ··世  亥 官 伏神 3효에 亥水가 복신인
孫 辰  ·  官爻가 되는 것이다.
父 寅  ··
```

⦿ 신살(神殺)붙이는 법

신살이란?

靑龍(청룡) 朱雀(주작) 句陳(구진) 螣蛇(등사) 白虎(백호) 玄武(현무)의 여섯가지 신살을 말하는데 이神殺을 각효에 붙이는 요령은 괘상을 모으는 당일 일진을 중심으로 해서 붙이게 되는 것이다.

◎ 육수신살표출법(六獸神殺表出法)

甲乙 日　靑龍(청룡) 동방의 신. 길, 경사
丙丁 日　朱雀(주작) 남방의 신. 구설. 시비
戊　 日　句陳(구진) 천상의 신. 근심. 걱정
己　 日　螣蛇(등사) 천상의 신. 시끄럽고. 놀램
庚辛 日　白虎(백호) 서방의 신. 사고. 재물손실
壬癸 日　玄武(현무) 북방의 신. 도둑. 사기

◇ 甲乙일 初爻 靑龍부터 순행
◇ 丙丁일 初爻 朱雀부터 순행
◇ 戊　일 初爻 句陳부터 순행
◇ 己　일 初爻 螣蛇부터 순행
◇ 庚辛일 初爻 白虎부터 순행
◇ 壬癸일 初爻 玄武부터 순행

※작괘의 편의상 신살을 한자만 표기 한다.
　神殺 : (靑　朱　句　巳　白　玄)

◆ 신살조견표(神殺早見表)

日辰 干	甲乙日	丙丁日	戊 日	己 日	庚辛日	壬癸日
효위 6효	玄	靑	朱	句	巳	白
효위 5효	白	玄	靑	朱	句	巳
효위 4효	巳	白	玄	靑	朱	句
효위 3효	句	巳	白	玄	靑	朱
효위 2효	朱	句	巳	白	玄	靑
효위 1효	靑	朱	句	巳	白	玄
備 考	初爻靑起	初爻朱起	初爻句起	初爻巳起	初爻白起	初爻玄起

예

甲子 日 작 괘 (수택절)

坎　　玄　兄　子　‥　身
宮　　白　官　戌　・
水　　巳　父　申　‥　應
　　　句　官　丑　‥
　　　朱　孫　卯　・　命
　　　靑　才　巳　・　世

⦿ 팔신론(八神論)

1. 用 神(용 신)
2. 原 神(원 신)
3. 飛 神(비 신)
4. 伏 神(복 신)
5. 忌 神(기 신)
6. 仇 神(구 신)
7. 進 神(진 신)
8. 退 神(퇴 신)

◎ 용신(用神)이란?

용효라고도 하는데 점의 주관이 되는 효의 육신을 말한다.
자기 점에는 세효가 용신이요
부모 점에는 부효가 용이요
자손 점에는 손효가 용신이다.
처와 재물 점에는 재효가 용신이요,
관직. 관재 점에는 관효가 용신이다.
이와 같은 방법으로 육친에 따라 용신을 정하는 것이며
그러므로 용신은 육효 가운데 가장 중요한 역할을 한다.

◎ 원신(原神)이란?

용신을 생하여 주는 오행으로써 이를 희신 이라고도 하는
데 가령 寅卯木이 용신이면 亥子水가 원신이다. 巳午火 가
用신이면 寅卯木이 原神이며 申酉金이 用神이면 辰戌丑未가 원
신(原神)이다.

◎ 비신(飛神)이란?

　　육효 납갑법에 의해 괘효옆에 붙여 놓은 子寅辰 午申 戌과 같은 지지이다.

◎ 복신(伏神)이란?

　육효 가운데 육친이 출현되지 않은 것을 말한다.

즉 부모 형제 처재 자손 관귀 등 육신중에 괘내에 출현되지 않은 것을 복신이라 한다. 출현되지 않으면 복신을 찾아서 용신을 정하고 풀이 하여야한다.

◎ 기신(忌神)이란?

용신과는 반대로 용신을 극하는 육신을 말한다.
즉 亥子가 용신이라면 수를 극하는 辰戌丑未土가 기신이다.
寅卯木이 용신이면 申酉金이 기신이다.
巳午火가 용신이면 亥子水가 기신이다.
진戌丑未가 용신이면 寅卯木이 기신이다.
申酉金이 용신이면 巳午火가 기신이.

◎ 구신(仇神)이란?

기신을 생하여 주는 육신을 말한다.
즉 亥子水가 용신인 경우 辰戌丑未가 기신이므로 土를생 하여주는 巳午가 구신이고 즉 용신을 극하는 육신 구신이 된다.
寅卯면　辰戌未丑
巳午면　申酉金
辰戌丑未이면　亥子水
申酉金이면　寅卯木이다.

◎ 진신(進神)이란?

동효와 변효 관계로 보는 것이다.
즉 인이 동하여 묘로 변하거나
사가 동하여 오로 변하거나
신이 동하여 유로 변하거나
해가 동하여 자로 변하거나 하는 앞으로 나가는 것을 진
신이라 한다. 단 같은 오행끼리 나가는 것은 진신이 되고
오행이 다르게 나가는 것은 진신이 아니다.

◎ 진신(進神)으로 보지 않는 것)은
辰動 巳變, 卯動 辰變, 午動 未變, 子動 丑變,등은 進神으
로 다루지 아니한다.

◎ 퇴신(退神)이란?
진신과 마찬가지로 동효와 변효의 관계를 말하는바 퇴진
이 이루어지는 것은 진신의 경우와는 반대로 卯가 動하여
寅으로 變하는 것을 退神이라 한다.

◎ 괘월법(卦月法)이란?
괘월법 세효를 보아 괘월을 정한다.

◎ 세효가 양효에 있으면 初爻에서 11월 12월 1월 2월 3월
4월이 육효에서 끝나게 된다.

◎ 세효가 음효에 있으면 初爻에서 5월 6월 7월 8월 9월 10월
이 六爻에서 끝나게 된다.

◎ 분효표(分爻表)

　　子孫. 家宅. 兄弟. 父母. 人口. 道路

（예）

　　　　六爻　　道路
　　　　五爻　　人口
　　　　四爻　　父母
　　　　三爻　　兄弟
　　　　二爻　　家宅
　　　　一爻　　子孫

◎　내괘와 외괘

　　　※ 1효 2효 3효 는 내괘이다.

　　　※ 4효 5효 6효 는 외괘이다.

◎ 팔궁제신법(八宮諸身法)

　　　팔궁제신 법이란?

　　　사람에게 배속하고 짐승에 배속하는 표시이다.

◉ 용신 정 하는 법

◎ 자기를 위한 점
세효를 용신으로 한다.

◎ 부모를 위한 점
부효를 용신으로 한다.

◎ 조부모를 위한점
부효를 용신으로 한다.

◎ 자손을 위한 점
남녀공히 손효를 용신으로 한다.

◎ 형제 동업에 관한 점
남녀공히 형효를 용신으로 한다.

◎ 아내와 재물 점
재효를 용신으로 한다.
◎ 친구를 위한 점은 응효를 용신으로 한다.

◎ 상대방의 동태를 아는 점
상대방과 자기와의 인적관계 및 교제 사업관계 소송관계
등 승패를 아는 점 가 용신이다.

◎ 남의남편 남의 아내를 위한 점
응효(應爻)로 용신을 삼는다.

◎ 관록이나 직장에 관한 점

벼슬 직장 승진 점에는 관효로 용신을 정한다.

◎ 부 효
부모관계 문서 가옥 선박 차 의복 비 눈 등을 가르킨다.

◎ 손 효
자녀 손자 조카사위 문화생 군인 병사 천시 점 순풍 일월
성신이다.

◎ 형 제
형제자매 붕우 동료 천시 점 바람
◎ 재 효
아내 첩 형수 제수 친구아내 금전 재물 천시 점 안개이다.
◎ 관 효
관직 관사 관록 송사 도적 귀신 천시 점 우 뇌이다.
(세효는 자기 응효는 타인) (세효는 현재 응효는 미래)등이다.

◎ 팔괘배속조견표(八卦配屬早見表)

卦爻	☰	☱	☲	☳	☴	☵	☶	☷
易數	1	2	3	4	5	6	7	8
卦名	乾	兌	離	震	巽	坎	艮	坤
卦象	天	澤	火	雷	風	水	山	地
卦德	剛健	喜悅	美麗	動進	謙順	陷險	停止	溫順
方位	서북방	서방	남방	동방	동남방	북방	동북방	서남방
事物	대명원	골짜기	문서	나루	초목	술·약	집성	마루음식
季節	늦가을	가을	여름	봄	늦봄초여름	겨울	이른봄	늦여름
身體	머리	입	눈	발	다리	귀	손	배
動物	말	양	꿩	용	닭	돼지	개	소

◙ 주역의총론(周易의總論)

1) 日辰 과 月建

* 일진은 점하는 당일을 말한다.
* 월건은 점하는 당월을 말한다.
* 일진은 육효를 관찰하는 주체 신이다.
* 일진과 월건은 용효(用爻) 또는 모든 효를 생해주고
  극해하는 힘이 있다.

*용효는 일진의 극을 받는 것을 가장 두려워한다.
* 일진의 생을 받은 효는 世爻를 능히 생해주거나
  극해 할수 있는 힘이 있다.
* 일진이 用爻를 생해주고 월건이 용효를 생합하면 대길하다.
* 일진이 용효를 극하고 월건이 용효를 극하면 크게 흉하다.

  그러나 용효와 변효가 충하고 용효를 생해주고 있다면
  死地求生하여 일월이 생합할때 길해지게 된다.
* 일진 월건이 용효를 극하면 대흉하다.
  그러나 동효가 변효의 생을 받거나 음극 양이면 전화위복
  하여 일진의 생을 받는 달과 일에 길해지고 병자면 병이
  완치된다.

  그러나 양극 음생이면 길극 반흉하는 이치에 적용되므로
  길처장흉 이요 흉진비래 되어 불길하다.
* 월건과 일진이 용효를 생하고 동효 역시 용효를 생할 때는
  반대로 일진이 용신을 극하는 날에 길해진다.

* 일진이 용신을 극하고 월건이 용신을 생하거나 반대로
  용효가 월건을 극하고 일진이 용효를 생하면 길흉이상반된다.
* 동효가 변하여 변한효가 용효를 극하면 이는 回頭剋(회두극)이
  되어 불길하게 되는 것이다.

參考 : 八卦가 吉하고
       變卦가 凶하면 => 현재 좋고 점차 나빠진다.
       八卦가 凶하고
       變卦가 吉하면 => 현재는 나쁘지만 점차 좋아진다.

◎ 동효총론(動爻總論)
* 동효는 모든이의 시초이다.
* 변효는 모든이의 마무리이다.
* 변효가 동효를 생합하면 대길운이다.
* 변효가 동효를 극해하면 회두극이 되어 불길하다.

* 변효는 일진과 더부러 그 힘이 강한 것이므로 동효는 용신
  및 타효를 능히 생극할 능력이 있다.
* 동효는 일진과 월건의 생을 받으면 그 힘이 훨씬 강해진다.
* 동효가 용신을 극하면 흉하지만 만일 동효가 일진과
  삼합 육합을 이루면 용효를 극하지 못하는 것이다.

◎ 육친발동(六親發動)

1). 父爻動(부효동)
* 부효가 동하면 자손을 극해한다.

* 자손을 위한 점이면 자손에 액이 있다.
* 부효가 동하면 병점에는 약효가 없고. 매매는 안되고
  가출점이면 소식이 온다. 송사 점이면 합의가 이루워지고.
  벼슬점이면 승진 합격된다.실물 점이면 도망 못 찾는다.

2) 손효동(孫爻動)

* 손효가 동하면 구관 구직 불길하고 병점이면 회춘하고 매
  매점이면 매매되고 결혼점이면 성사된다. 산모점이면 순산
  하고 송사점이면 해결된다. 손효가 동하면 발전한다.

3) 官爻動 (관효동)

* 관효는 형효를 극해야한다.
* 형제자매 점 불길하고. 혼인점이면 성취되고. 병 점이면 위
  험하고 소송점이면 대흉하고. 매매점이면 불길하고, 재물점
  이면 불길하고 실물 점이면 못 찾는다.

4). 財爻動 (재효동)

* 재효는 부효를 극해한다.
* 시험. 구직. 승진. 선거점이면 불길하다.
* 사업 재물점이면 대길하고 병점이면 위험하고
  실물점이면 찾게 된다.

5). 兄爻動 (형효동)

* 형효는 재효 관효를 극해한다.
* 사업 재물점이면 불길하고 구직 시험 승진 점 불길하다.
* 실물 관제 가출점이면 불길하다.

* 동업은 성취하고 자손점이면 경사가 있다.

6) 用神. 原神.動 (용신.원신.동)

* 용신이 동하면 흉운이 길운으로 변한다.
* 용신이 동하여 서로 상생되면 대길하다.
* 용신을 생하는 神이 동하면 의기가 양양하여 더욱 길운이다.
* 원신이 生扶旺相(생부왕상)을 만나고 동하면 만사 대길 운이다.

◎ 육수발동(六獸發動)

1) 청룡동(靑龍動)

* 청룡이 동하면 매사에 대길 운이다.
  재물점 관록 직장 시험대길 운이다. 청룡이 동한 가운데 천을
  귀인 이나 건록 역마 등을 만나면 대길다.

* 동한효가 구신 기신과 만나고 있으면 주색으로 인한
  재앙이 있다.

2) 주작동(朱雀動)

* 주작은 口舌(구설)지신이다. 주작이 동하면 모든 일에 구설
  과 시비가 발생한다.
* 주작은 동하지 않고 다른 신과 동주해도 매사가 지연된다.

3). 구진동(句陳動)

* 구진이 동하면 특히 토지 매도 매입에 불길하다.
* 구진이 형. 충. 파. 해. 되면 매사에 불길한 운이다.
* 구진이 용신과 생왕하고 비화와 무해하고 용신과 합되면
  길운이고 월건과 일진과 합을 만나는 월일에 성취한다.

參考 : 비견을 비화라고도 한다.

4) 등사동(螣蛇動)
* 등사가 동하면 병자는 병세가 가중하고 꿈자리가 사납다.
* 등사가 동하면 충 되는 날에 대흉하다.

5). 백호동(白虎動)
* 백호가 동하면 불길한 운이 생긴다.
* 관효에 백호가 동하면 병점이면 대흉하고 (申酉金)년생(띠)
  고 동하면 인구가 손실이 있다.
* 백호가 동하면 시비 관재 구설이 있다.
* 백호가 水火飛神에 있으면 水火의 액이 있다.

6). 현무동(玄武動)
* 현무는 도적 지신이다.
* 현무가 동하면 우환과 걱정이 생기는데 만일 관귀(官鬼)가
  동하면 도난이나 실물수가 있다.
* 용신과 합이 되고 세효를 생하여 주면 재앙이 소멸되고
  운이 길해진다.
* 구신과 기신이 같이 있으면 대흉 하다.

◎ 변효의 작용(變爻의作用)
* 부효가 동하여 부효로 변하면 모든일에 대길하다.
* 부효가 동하여 손효로 변하면 모든일이 안정된다.
* 부효가 동하여 관귀로 변하면 벼슬이나 직장에 대길하다.
* 부효가 동하여 재효로 변하면 집안에 우환이 있다.
*부효가 동하여 형효로 변하면 재물에 손실이 있다.

◎ 손변퇴신(孫變退神)

* 가령 卯가 孫爻이고 孫爻가 動하여 寅으로 退變하면
  재물에 손실이 있다.
* 손효가 부효로 변하여 퇴신되면 동업에 불길하다.
* 손효가 재효로 변하여 퇴신되면 명예 재물 사업에 대길하다.
* 손효가 관효로 변하여 퇴신되면 하는일에 장애가 있다.
* 손효가 형효로 변하여 퇴신되면 상생되어 모든 일에 대길하다.

◎ 관변진신(官變進神)

* 가령 寅이 官이라면 卯가 進神이다.
* 관효가 진신되면 직장 시험 승진에 좋다.
* 관효가 재효로 변하여 진신되면 병자는 대흉하다.
* 관효가 부효로 변하여 진신 되면 매도 매입 시험에 대길하다.
* 관효가 손효로 변하여 진신되면 소송 직장에는 불길 하다.
* 관효가 형효로 변하여 진신되면 친우형제 동료 동업에 불길하다.

◎ 재변진신(財變進神)

* 재효가 변하여 진신되면 다음과 같다.
* 재효가 변하여 진신이 되면 재물이 생기고 집안이 화목하다.
* 재효가 변하여 관효로 진신되면 집안에 근심이있다.
* 재효가 변하여 손효로 진신되면 자손에 경사있다.
* 재효가 변하여 부효로 진신되면 인장 문서 부모에게 대길하다.
* 재효가 변하여 형효로 진신되면 손재수가 발생한다.

◎ 형변진신(兄變進神)

* 형효가 변하여 진신되면 다음과 같다.
* 형효가 변하여 부효로 진신되면 모든일이 순조롭게 된다.
* 형효가 변하여 재효로 진신되면 처궁에 액이 있다.
* 형효가 변하여 관효로 진신되면 재앙이 따른다.
* 형효가 변하여 손효로 진신되면 자손에 경사 있다.

◎ 世爻의 作用法 (세효의 작용법)
* 세효는 자기 자신의 용효(용신)이다.
* 자신을 위한 모든 점에는 세효로 일진 월건 및 동효와
  기타 효와의 생극 관계를 살펴서 풀이 한다.
* 應爻는 자기와 상대방 관계를 보는 것이다.
* 세효는 일진과 월건과 동효와 상생되고 비화되면 대길하고
  형. 충. 파. 해. 공망. 되면 불길하다.

* 부효에 세효가 임하면 일신에 노고가 많다.
* 재효가 세효에 임하면 아내로 인하여 집안에 근심이 있다.
* 세효가 손효에 임하면 관재구설이 있다.
* 세효에 손효가 임하고 모든 효의 생을 받으면 대길하다.
  그러나 모든효의 극을 받으면 대흉하다.
* 세효가 관효에 임하고 모든효의 충을 받고 일진 월건의
  충을 받을때 건강에 장애있고 재물에 손해있고 관재구설있다.
* 세효가 관효에 임하고 일진 월건의 생을 받으면 명예가
  상승하고 승진 구직 취직에 대길하다.

◎ 공망작용(空亡作用)
* 공망은 일진으로 용신과 대조하여 공망을 찾는다.
* 空亡을 찾은 후 극함만 있고 생함이 없으면 완전 공망(空
  亡)이 되는 것이다.

* 생조함만 있고 극함이 없으면 출공되어 흉해진다.
* 용효의 기신은 순공(나가면) 되는것이 오히려 길해진다.
  모든효는 공망되지 않는 것이 좋다.

◎ 복신의 작용(伏神의 作用)

* 복신은 은복되어 그 효력이 미약하나 일진의 충을 받거나
  동효가 충하면 그 효력이 커지게 된다.
* 복신은 충을 닫을 지라도 공망하면 작용이 없다.
* 복신을 일진 월건이 생하여 주거나 동효의 비신이 충하거나
  용신인 비신이 무력하면 복신은 무기력한 가운데 작용력이
  약해진다. 일진의 생조를 받은 비신이 복신을 극해하는
  경우를 말하는 것이다.
* 복신이 일진 월건의 절지에 임하는 경우와 공망 월파를 만나
  는 경우 아무런 힘도 발휘하지 못한다.

◎ 진신퇴신작용(進神退神作用)
 * 吉신은 동하여 化가 進神됨이요, 忌신은 化가 退신함이다.
   進神과 退神의 三法則 (진퇴삼법칙)進神 三法.
1) 왕한자는 세력을 득하여 진신이 되고

2) 약한자는 왕함을 기다려 진함이 된다.

3) 동효 변효가 각각 하나씩 공파 충함이 있으니 일충자는
   합에 진이 되고 .합자는 충함에 진이되고 공파 된자는
   출공 출파의 시기에 진이 되는 것이다.

◎ 퇴신삼법(退神三法)
1) 일월이 동효되어 생부하므로 잠시 불퇴 하는자를 말한다.
2) 휴수자(休囚者) 즉 가두는 자는 퇴신이다.
3) 동효 변효가 각각 하나씩있어 공,파,충. 합자는 대기하여
   보합 되므로 퇴신이라 한다.

◎ 회두극작용(回頭剋作用)

* 동하여 변한 신이 동효를 극하는것을 말하는것이다.
* 亥子水가 동하여 辰戌丑未로 변하든가,
* 寅卯木이 동하여 申酉金으로 변하거나
* 辰戌丑未가 동하여 寅卯木으로 變하거나
* 巳午火가 동하여 亥子水로 변하거나
* 申酉金이 동하여 巳午火로 변하는것을 회두극이라한다.
* 회두극이 되어 동효가 기신 구신이면 도리어 길하고 용신
  원신이 회두극 이면 매사에 대흉하다.

◎ 평생점(平生占)
* 일생동안의 빈부귀천에 대한 것을 예지하기위한 점이니
  괘를 얻기 앞서 평생점이란 관념을 머리속에 두고 정성스
  러운 자세와 맑은 정신으로 잡념을 버리고 잡괘 하여야 한다.

* 자기점이면 세효를 용신으로 하여야 한다.
* 모든 다른 점에는 용신법의 원칙에 의한다.
* 세효가 용신을 생조하고 일진이나 월건의 생조를 얻으면
  일생동안 부귀하고 파극하고 흉신 되면 일생을 흉하

게 보는 것이다.

◎ 가택점(家宅占)

* 인간의 길흉화복은 가택으로 부터 연유 된다,
* 가택점에는 내괘와 외괘의 관계를 긴밀하게 살펴야 한다.
* 내괘의 2효는 가택이요 외괘 5효는 인구이다.
* 내괘 2효에 손효 재효가 있으면 대길하고 관효가 있고
  흉신이면 관재구설 손실이 있게된다.

* 내괘 2효에 부효가 있으면 자손이 불길하다. 현무가 있으
  면 화재 도난 실물 관재 구설이 있게 된다.
* 내괘 2효에 백호 등사가 있으면 대흉하다.
  외괘 5효에 백호 등사가 있으면 대흉하다.
* 내괘 2효에 청룡과 관효가 있으면 시험. 구직. 승진 등에
  길하다.

* 일진이 2효를 형충파해 하면 흉하고 5효가 2효를 극해 하
  면 무해하나 2효가 5효를 파극하면 대흉하다.
* 三傳剋 즉 年月日이 2효를 破剋하면 大凶하다.
* 초효에 辰戌丑未가 있고 刑沖破害하면 家宅이 흉하고
  조상 묘탈이다.

* 2효에 관효인데 주작이 임하면 관재 구설 손실이 있다.
* 世應과 재효가 6충하면 부부가 이별하고 구진이 현무를 띤
  재를 극하면 여자에게 흉하고 백호가 관귀를 띤 청룡을 극
  하면 그 남편이 사망한다.

◎ 身數占(신수점)

* 자기점이면 세효가 용신이며 대리점이면 용신법에 의한다.
* 중요한것은 일진 월건 동효 충효와의 생극 비화의 관계를

참작해서 길흉을 판단하는 것이다.
* 신수점에는 월건을 가장 중요시 해야 한다.
* 신수점에는 월건이. 자기점에는 세효. 타인점은 응효가용신
  이다.
* 세효와 용효가 청룡에 있으면 대길하다.
* 세효와 용신에 구진이 있으면 모든일이 지연되고 불길하다.
* 세효와 용효에 주작이 있으면 구설 관재 손재수가 있다.
* 세효와 용효에 관귀가 있으면. 손재 질병 불길한 일이 발생
  한다.

* 세효와 용효에 현무가 있으면 모든 일이 지연되고 불길하다.
* 세효와 용효를 합하고 생조하면 일년 내 대길하다.
* 세효와 용효를 형 충 파 해 하면 일년 내 손실과 근심이 생긴다.
* 일년 신수를 보는 법도 년과 월과 일진과 세응 용신등이
  오행 상생 상극법에 의하여 길흉을 판단하는 것이다.
  (世합은 1월에 속한다)

◎ 재물점(財物占)
* 재물이나 금전에 대한 점에는 재효가 용신이다.
  재효가 왕하고 손효가 길하면 모든 일에 대길하다.
* 재효가 일진이나 월건의 생조를 받으면 대길하고 형충파해
  하면 흉하다.
* 재효가 왕성하고 동하면 모든 사업이 더욱 빠르게 성취한다.
* 재효가 있고 손효가 없으면 재물운은 없다.
* 재효와 손효가 은복 되어 있으면 재물은 구하기 어렵다.
* 부효와 형효가 모두 동하면 구재는 어렵다.

(월 일진 방향을 본다) 寅=>동방. 亥=> 북방.
* 재효가 일진과 합을 만나면 구재는 어렵고 일진과 재효가
  충 되는 날에 재물을 얻게 된다.
* 손효가 동하여 재효로 변하면 큰 재물을 구할수 있다.
* 재효가 손효와 삼합하면 사업에 대길하다.
* 응효가 세효를 극하거나 용신을 극하면 재물은 들어오지
  않는다.

* 세응이 비화되고 신위에 합을 만나면 재수가 평탄하고
  재물이 생긴다.
* 관귀가 현무를 동주하고 외괘에 있으면 도적에게 실물하고
  관사로 재물을 잃게 된다.
* 5효에 동사를 만나면 불리하고 5효에 백호를 만나면 풍파가
  생기고 5효에 현무를 만나면 노상에서 실물수가 있다.

* 2효에 관귀가 임하면 재물 손실 있고 2효에 현무는 도적에
  실물수다. 2효에 백호가 임하면 질병과 관재수가 있다.
* 용효와 재효가 일진과 합하면 재물이생기고 충파해 하면
  손실이 있다.
※ 삼재부적으로는 건강부. 삼재부. 재수 대 통부. 어린이에
  게는 교통방지부.

◎ 구관구직시험점(求官求職試驗占)
* 벼슬 시험 입학 승진 등에는 세효로 용신을 삼고 대리점이
  면 용신 법에 의한다. 관효와 부효로 길흉을 판단한다.
* 부효가 왕성하면 문장 시험에 합격하고 관효가 득지하면
  구직 승진한다.

* 관효가 세효 용효를 생조하면 길하고 파극하면 불길하다.
* 세효 용효가 일진 월건의 생함을 얻으면 모든 시험과
  구직에 좋다. 반대로 세효 용효가 일진 월건의 극을 받으면
  모든 시험 구직에 불길하다.

* 손효가 동하고 재효가 동하면 모든 시험 구직에 락제한다.
* 청룡효가 동하여 세효 용효를 합하면 대길하다.
  월건이나 일진이 비화된 관효가 응효에 임하여 생부효하면
  뇌물로 구관 구직 시험에 합격한다.
* 시험의 합격 여부는 세효가 발동됨을 요한다.

◎ 질병점(疾病占)

* 질병점에는 세효 대리점에는 용신법에 의하고 身位와 命位
  및 손효 관계를 살펴야 한다.
* 손효는 관효를 제압하무로 괘내에 손효가 없으면 관귀를
  제압하지 못하므로 약을 써도 효력이 없고 기도해도 영험
  이 없는 것이다.
* 명효가 재효와 같이 있으면 중병이며 관효가 명위에 있으
  면 괘차는 안되며 신명에 배호가 있으면 대흉하고 신명효
  가 현무에 있으면 중병이다.
* 신명효에 등사 백호면 병사하고 공망을 만나도 사망한다.
* 병점에는 재효로 음식으로 본다. 괘중에 재효가 공망되면
  음식을 먹지 않으며 음식으로 득병한다.
* 부효가 동하고 재효가 왕하고 세효나 신명위가 공망이면
  생명을 잃게 된다.

* 부효가 동하고 관귀가 생왕하면 백약이 무효하여 사망하게 된다.
* 5효에 신명이 있고 관귀가 동주하면 백약이 무효하다.
* 손효가 동하여 관효를 극하면 병자는 치료된다.
   관효가 동하여도 일진의 충을 받으면 생명에 지장없다.
   재효 관효가 동하고 상문 조객이 신위에 임하면 사망한다.
   자손점에 관귀가 성하고 부효가 동하면 중병이다.

* 형제점에 관귀가 충을 만나고 재효가 동하면 사망하고
   손효가 동하면 병세는 호전된다.
* 남편점에 형효 손효가 동하면 병세는 악화되며 관효가
   안정되면 병세는 회복된다.

◎ 병의 원인(病의 原因)

* 申酉金 관귀가 身位에 임하면 골절상 폐 대장에 병이있다.
* 亥子水 관귀가 身位에 임하면 허리 방광 신장병 맨스의 병이다
* 巳午火 관귀가 身位에 임하면 담 심장 시력 등의 병이다.
* 寅卯木 관귀가 身位에 임하면 백골 신경 빈혈 간 정신병등이다
* 辰戌丑未土 관귀가 身位에 임하면 종기 위장 비장의 병이다.

* 관귀효에 身命位가 재효에 임하면 음식으로 얻은 병 재물
   로 얻은 병 아내로 인해 얻은 병이다.
* 관귀효에 身命位가 손효에 임하면 술병 약의 부작용으로
   생긴병이다.
* 관귀효에 신명위가 형효에 임하면 부부불화로 생긴 병
   몸살감기이다.

* 등사가 관귀에 임하면 하반신의 병이거나 마음상해 얻은 병이다.
* 청룡에 관귀가 임하면 주색 허약으로 생긴 병이다.
* 구진에 관귀가 임하면 가슴이 답답하고 비장이나 위장에 온병이다.
* 주작이 관귀에 임하면 정신에 이상이 있고 열이나 충혈이 되는병이 일어난다.
* 백호에 관귀가 임하면 생리불순 산후병 귀신의 탈이기도 하다.
* 현무가 관귀에 임하면 주색으로 득병하고 북방에서 득병한다.

* 관효가 내괘에 임하면 집안에서 득병하고 외괘에 있으면 출입하여 얻은 병이다.
* 관귀가 내괘에 있으면 속으로 있는 병이요 외괘에 있으면 밖으로 있는 병이다.
* 세효 응효 중간에 관이 있으면 속병이다.
* 세응에 관효가 임하여 용신을 극하면 밖에서 얻은 병이다.

◎ 관재소송점(官災및訴訟占)

* 世는 나요 應은 상대방이다. 그러므로 세 응 관계 및 신과 살과 관효의 동태를 잘 살펴 판단한다.
* 應은 상대방이니 일월이나 동효의 극을 休囚死絶됨을 요하고 世는 본인이니 일진 월건이 생조 왕생 됨을 요한다.
* 관효가 응효를 극해주면 내가 승리한다.
* 동효가 일진 월건과 비화된 가운데 응효를 극해하면 내가 승소한다.
* 세응이 서로 합하면 상호간 합의 한다. 세효가 응효를 합하면 내가 합의하고 응효가 세효를 합하면 상대가 합의 한다.
* 세효 응효가 공망하면 화해하고 합의한다

청룡이 관귀에 임하면 승소한다.

* 백호가 관귀에 임하면 실형을 받고 구진이 관귀에 임하면
  옥중 생활이다.
* 주작이 관귀에 임하면 문서로 실형이다.
* 화뢰서합(火雷噬嗑) 지화명이(地火明夷)괘가 나오면 형액이있다.
* 수뢰둔(水雷屯) 뢰천대장(雷天大壯)괘는 감옥에 간다.
* 풍수환(風水換) 뢰수해(雷水解)괘는 석방이 된다.

* 육해살이 신위에 임하면 관재 송사를 당하게 되고 태세가
  관효를 극하면 죄수는 석방된다. 월건이 관효를 충하면
  가벼운 죄는 용서받고 일진이 관효를 충하면 죄가 가중된다.
  관효가 일진을 극해도 죄는 가중되고 관효가 일진과 같으면
  원고 피고가 합의한다.

◎ 혼인점(婚姻占)

* 남자의 경우 재효로 상대 여성을 삼고 응효로 상대 여성의
  집을 정하며 여성의 경우 관효를 상대 남성으로 삼고 응효를
  남자의 집으로 삼는다.
* 남녀 공히 신위를 자신으로 삼는다. 세응이 상생하고 비화
  되면 길하고 세응이 상극하면 불길하다.

* 혼인점에는 재효 부효 관효 등 모두 발동하면 흉하다.
  남자는 세효가 양에 있고 응효는 음에 있음이 길한 것이다.
  여자는 세효가 음이고 응효가 양이면 대길하다.

* 세웅이 공망되면 혼인은 안된다 상괘 하괘가 雷乾 山乾처럼
  반대모양은 성취하지 못한다.
* 남자의 점에 있어 형효가 동하면 다른 사람에게 여자를
  빼았기고 여자의 경우 관효가 세효에 임하면 아름다운
  혼인이 곧 성취된다.
* 택산함(澤山咸) 수택절(水澤節) 화택규(火澤睽) 천택이(天澤
  履)천지비(天地否) 수지비(水地比)등 괘는 婚姻에 不吉하다.
  남자점에 재가 아내이니 세효가 동하여 재효와 합이되면
  혼인이 성립된다.

  관효가 세효를 극하면 혼인이 안되고 구설이 따른다.
* 여자혼인 점에는 백호가 동하여 관효를 극하면 남편이
  사망한다, 관효가 재효에 은복되어 공망을 만나면 혼인 안
  된다.
* 남자의 점에 재효가 두 개 있거나 여자의 점에 관효가 두
  개 있으면 남녀 공히 재혼한다.
* 용신이 木에 속하면 몸이 마르고 키가 크며 金에 속하면
  결백하고 土에 속하면 비대하고 水에 속하면 총명하고
  火에속하면 영리하다.

    ◎ 이사점(移徙占)
* 초효가 왕성하면 농촌이 길하고 2효가 왕성하면 중도시가
  길하고 3효가 왕성하면 상가 시장이 좋고 4효가 왕성하면
  하구 도시 해변이 좋고 5효가 왕성하면 서울 대도시가 좋
  고 6효가 왕성하면 농촌이 좋다.
* 청룡이 손효에 임하면 흉함과 동시에 관재 구설 재물 손실

이 있다. 내괘나 외괘를 극하거나 세가 응을 극하면 신옥 보다 구옥이 좋고 응효가 세효를 극하면 구옥 보다 신옥이 좋다.

* 세 응이 상합하면 이사후 대길하고 관효가 동하여 세효로 변하고 재효가 동하여 관효로 변하면 대부 대귀하다.

* 재효가 왕성하여 부효를 극하면 재앙이 있고 일진이 세 응을 형. 충. 파. 해. 하면 이 사후 불길하다.

* 이사점에는 세효가 동하면 길하고 세효가 공망을 만나면 불길하다.

　　◎ 잉태 및 출산 점(孕胎 및 出産占)

* 남자가 아내의 점을 치면 재효를 임신부로 삼는다.
2효를 胎효로 삼는다.
産母 자신이 점을 치면 세효가 자기요 2효를 태효로 정하고 손효를 출생한 자녀로 정한다.

* 孕胎의 유무를 아는 점에는 괘효 2효를 주장하여 태효가 동하면 왕생을 만나 유기하면 잉태된 것이다.
2효를 沖剋하면 잉태가 아니다.

* 부효가 형. 충. 파. 해. 극을 받으면 길상이요 청룡이 손효에 임하면 길상이다. 백호가 부효에 임하면 태아의 발육이 좋지 않고 손효가 동하여 관귀로 변하면 태아가 유산된다. 관효가 동하여 손효로 변하면 출생후 사망한다.

* 2효가 胎兒가 되고 손효가 출생한 자녀가 되니 이세가지를

일월 및 동효가 생조하면 산모가 건강하고 순산한다.

* 태효가 동효및 일진의 충극을 받으면 낙태하게 된다.
  잉태점이나 출산점에 관귀가 동하면 반드시 재앙이 있고
  신위가 세효를 해하지 않으면 흉하나 가벼우며 용효가
  극을 받으면 흉하다.

* 손효가 거듭 있는 가운데 청룡을 띠고 동하면 쌍둥이를 임신한
  다. 2효에 손효가 있거나 2효가 동해도 쌍둥이를 임신한다.

   ◎ 태아의 남녀구별(胎兒의 男女區別)

* 손효가 출현되지 않으면 복신에서 찾아서 남녀의 구분을
  추리한다. 음효가 동하여 양효로 변하면 아들이고 양효가
  동하여 음효로 변하면 딸을 낳는다. 응효 및 용효가 양효에
  임하면 아들을 잉태한 것이고 응효 및 용효가 음에 임하면
  딸을 잉태한 것이다.

* 손궁 이궁 곤궁 태궁등 4궁은 음에 속하므로 태효 2효가
  이괘에 있으면 딸을 낳게 된다.

   ◎ 언제 낳는가?
* 태아가 분만 되는 시기는 태효 2효가 충. 파를 만나는 날
  에 낳게 된다. 손효가 동하고 일진이 2효를 충하면 바로
  출산한다.
  출산 점에는 청룡이 희신인데 2효나 손효가 재효에 임하여
  동하면 출산하게 된다.

* 일진이 동효의 충을 받으면 낙태될 우려가 있다. 손효가 2
효를 충극하여 세효나 신위를 생하면 당일에 순산 한다
태효와 손효가 동하면 곧 출산한다. 청룡이 동하면 집안에
사있다. 乾. 離. 坎. 兌. 卦는 順産하고 坤. 艮. 震. 巽. 卦
는 難産한다.

* 형효에 공망이 임하면 산모가 건강하다. 부효가 동하면
낙태한다. 초효에 관귀가 임하면 출산후 건강이 좋지 않다.
2효에 관귀가 임하면 태아의 발육이 빠르고 2효에 공망을
임하면 낙태하기 쉽다. 부효가 동하여 손효를 극하고 재효
가 충파를 만나면 산모와 태아에게 흉하다.

* 부효가 동하여 손효에 형충파해가 되면 산모와 태아가 흉하다.
손효가 묘절에 들고 일월 및 동효가 손효를 파극하면
크게 흉하다. 재효가 안정되고 손효가 동하면 재가 생기를
얻어 산모와 태아가 건강하다.

  ◎ 가출및 실물 점(家出 및 失物占)
* 용신은 찾는 상대에 따라 용신을 정하고 타인의 경우는 응
효로 용신을 정하는데 다만 찾는 자가 관료면 관효로 정하고
승려 하인이면 손효가 용신이며 친구 형제면 형효가 용신이다.

* 부모면 부효로 용신을 정하는데 용신이 외괘에 있르면 먼
곳에 있고 용신이 내괘에 있으면 가까운 곳에 있는것이다.
용신이 乾괘에 임하면 서북방에 있고 用神이 坤괘에 임하
면 西南方에 있다. 용신이 兌괘에 임하면 西方에 있고 용신이

震괘에 임하면 東方에 있다. 용신이 坎괘에 임하면 北方에 있고 용신이 離괘에 임하면 南方에 있다. 용신이 巽괘에 임하면 東南方에 있고 용신이 艮괘에 임하면 東北方에 있다.

* 동효와 변효로서 방향을 측정 하는 것이니 응효가 안정되면 거처를 옮기지 않고 용효가 동하고 파극하면 거처를 옮기는 것이다.
* 子 용신이 動하여 寅으로 變하면 東方으로 간것이다. 午 용신이 申이나 酉로 變하면 南方에 있다가 西方으로 옮겨간 것이다.

* 용신이 乾괘인데 動하여 離괘로 변하면 西方에서 南方으로 옮겨 갔다.
* 기타의 괘도 위와 같은 방법으로 추리한다.
* 용신이 손효에 은복되어 있으면 산중 절간에 있고 용신에 재효가 은복되어 있으면 여자 집에 있거나 술집 요정 창녀 집에 있다.

  용신이 형효에 은복 되어 있으면 상대방의 친구집에 있다. 용신이 부효에 은복 되어 있으면 친척 집에 머물고 있다. 용신이 辰戌丑未의 관에 임하여 있으면 찾는사람이 사당이나 절에 숨어 있다.

* 용신이 木으로 坎宮에 있으며 동하면 배타고 도망친 것이다. 용신이 안정되면 찾을 수 있고 용신이 동하면 먼 곳으로 옮겨 찾지 못한다.

* 용신이 隱伏 되거나 空亡을 만나면 찾지 못한다.
  용신이 旺하고 驛馬殺이 용신에 임하면 주인공이 海外등
  먼 곳에 있어 찾지 못한다. 외괘가 내괘를 생합하고 應爻가
  世爻를 生合하면 돌아오지 않는다.
  旺盛한 世爻가 衰한 應爻를 剋하거나 飛神이 伏神으로 된 用
  神을 剋하면 찾을수 있다.

* 5爻에 있는 용신이 동하여 退神으로 변하면 中途에서 돌아온
  다 용신이 변하여 다시 용신으로 변하면 속히 돌아온다.
  日辰이 용신을 극하면 도망자를 잡을수 있고 應爻를 生해
  주면 찾았다가 도망친다. 세효가 空亡을 만나면 찾지 못하
  고 응효가 공망을 만나도 찾지 못한다.

◎ 가출인 소식점家出人 消息占)

* 용효 또는 용신이 동하면 기다린 사람이 움직인 것이고
  일진과 합을 만나는 날에 도착한다.
* 용효가 쇠약하면 왕생되는 일진에 돌아오고 용효가 왕하면
  辰戌丑未 日에 온다. 세효가 동하여 응효를 극하거나 용신
  을 극하면 돌아오지 않는다.
* 신효와 세효가 같이 공망을 만나도 돌아오지 않는다. 재효
  가 동하여 공망을 만나거나 墓絶胎에 속하면 오지 않는다.
  용효가 동하여 세효를 극하고 세효가 공망을 만나면 도리
  어 속히 돌아오는 예도 있다.

* 응효와 세효가 생합하면 돌아오나 시간이 걸린다.
  용신이 동하여 진신으로 변하면 속히 돌아온다. 용신이 동

하여 퇴신으로 변하면 돌아오지 않는다. 용효에 신위가 동하면 돌아온다. 재효에 신과 응이 같이 임한가운데 靑龍이 같이 동하면 온다. 용효가 亥子水를 띄고 동하면 句陳日에 돌아온다.

* 家出占에는 용신이 동 됨을 가장 좋아한다.

용효와 동효가 일진과 합되는 날에 돌아온다.
용신이 관효에 응복되어 있으면 가출인은 위험하고 돌아오지 않는다. 용신이 白虎 螣蛇와 같이 동하고 他爻와 破剋되면 疾病으로 고생하고. 용효가 응효에 은복되어 관귀를 띠면 감옥에 있다. 세효가 용효와 합을이루고 세효가 沖을 만난경우 다른 사람이 찾는다.

* 소식 점에는 부효와 응효로 용신을 잡는다. 부효 응효가 동하여 일진과 생합되고 세효를 극하면 부효가 生旺되는 日辰에 消息이 온다. 세효와 응효가 공망을 만나면 소식이 없다. 응효와 부효가 空亡을 만나거나 墓絶에 임하면 소식이 없다. 부효가 동하고 합을 만나면 타의 방해로 오지 않는 부효가 朱雀을 띠고 동하면 곧 소식이 온다.
　◎ 失物占 用神 잡는법

* 부효 : 의복 .인장. 문서. 배. 차. 말. 그릇. 등을 표시한다.
* 손효 : 가축. 소. 닭. 돼지. 개. 어류. 생명체. 등을 표시한다.
* 재효 : 돈. 은. 금. 보석. 비단. 및 火에 속한 물건을 표시한다.
* 초효 : 그물. 신발. 기계류. 등이다.

* 2효 : 농기구. 소반. 그릇. 책. 방아. 약 등이다.

* 3효 : 키. 풍로. 벼루. 상자. 붓. 먹. 필기도구. 베. 활. 거울. 안경 등이다.

*4 효 : 동전.자.목공기구.되말.가마니.등이다.

*5 효 : 금은.거문고.피리.악기일체.문서.인장.등이다.

*6 효 : 보화.창문.사다리.도끼.저울.등이다.

◎ 失物은 어디에 있는가 ?

* 용효가 내괘에 있으면 집안에 있고. 왜 괘에 임하면 집밖에 있다.

* 용효가 초효에 있으면 우물 부근에 있고
  2효에 있으면 부엌에 있다.

* 용효가 3효에 있으면 방안에 있고 4효에 있으면 현관 부근에 있다.

* 용효가 5효에 있으면 길거리에 있고 6효에 있으면 담장이나 베란다에 있다.

* 용효가 亥子水를 띠고 은복되어 있으면 연못 물속에 잠겨있다.

* 용효가 壬卯木에 임하여 은복되어 있으면 나무 및 옷장이나 선반에 있다.

*용효가 申酉金에 임하여 은복되어 있으면 기와 벽돌 철근에 묻혀있다.

* 용효가 巳午火에 임하여 은복되어 있으면 부엌이나
  전자 제품 속에 있다.

* 용효가 辰戌丑未에 임하여 은복되어 있으면 땅속에 묻혀있다.

* 亥水孫爻가 동하여 재효로 변하면 豚舍(돈사)에 있다.
* 丑土가 동하여 손효로 변하면 목장 畜舍(축사)에 있다.
* 未土재효가 동하여 손효로 임하면 양의 목장 축사에 있다.
* 巳午火가 동하여 손효로 변하면 남쪽이나 마구간에 숨어있다.
* 戌土 才는 개집. 寅木 才는 고양이집. 卯木 才는 토끼집.
  子水 才는 쥐구멍.辰巳 才는 뱀구멍. 酉金 才는 양계장에
  숨어 있다.
* 才효가 辰卦에 임하면 東方에 있거나 배 수래등에 있다.
* 재효가 巽卦에 임하면 동남방 간에 있고 재효가 坎卦에 임
  하면 북방 염전 우물 개울이나 호수에 있다.
* 재효가 離卦에 임하면 남방 화학 공장에 있다.
* 재효가 艮卦에 임하면 동북간방에 산속무덤 석재공장 나무
  덤 속이다.

* 재효가 兌卦에 임하면 서방 절간 주점 광산 동굴 공장에 있다.
* 재효가 乾卦에 임하면 서북방에 있다.
* 재효가 坤卦에 임하면 서남 간방에 찾아보라.
* 용효가 부효에 임하면 어른 집이요
  형효에 임하면 자매 친구의 집이다.

◎ 失物은 찾을 수 있는가?

* 세효가 일진 월건및 동효의 생조 되고 상생 비활를 이루면
  찾을수 있다.
* 세효가 刑沖破害를 당하거나 세효 용효가 상극되어 공망을
  만나면 찾을수 없다.

* 재효 용효가 실물의 주인이니 파극을 만나면 불리하고 합을 만나면 길한데 파극하고 합을 만나면 찾을 수 있고 합하고 파극하면 찾을수 없다.

* 용효가 내괘 본궁에 있으면 집안에서 찾을 수 있고 타궁 외괘에 있으면 찾지 못하며 내괘 중간에 있으면 타인이 찾아준다.
* 관효 동효가 일진의 극을 받으면 흠친 사람을 잡을수 있고 형효가 동하여 재효를 극하면 찾을수 없다.
* 세효가 왕하고 관효가 쇠하면 도적을 잡을수 있고
세효가 약하고 관효가 왕하면 잡기 어렵다.
* 관효가 일진과 합을 만나면 잡기 어렵고
일진이 관효를 沖剋하면 극하는 날에 잡게 된다.

◎ 귀신 보는법(鬼神 보는 法)

※ 귀신 점은 관효로 귀신을 판단한다.
* 관효가 陰이면 여자 귀신.
* 乾宮이면 서북방 귀신.
* 兌宮이면 아기 귀신.
* 巽宮이면 동남 간방 귀신.
* 坎宮이면 북방 귀신.
* 艮宮이면 성황당 귀신.
* 離宮이면 남방에서 옷이나 붉은 천에서 따라온 귀신.
* 坤宮이면 흙이나 묘탈의 귀신.
* 震宮이면 전투하다 죽은 남자귀신.
* 巽宮이면 불에 타거나 머리 아파 죽은 귀신.
* 句陳이면 토귀신
* 朱雀이면 성주탈 귀신.
* 白虎면 피흘리고 죽은 귀신.

* 玄武면 사불 지명신.
* 靑龍이면 청춘에 죽은 귀신.
* 騰蛇면 횡사한 귀신 등이다.
* 관효가 음효일때는 집안에 흙을 다룬 탈이요.
  관효가 양효일때는 집 밖에서 흙을 다룬 탈이다.
  관효가 內괘 身효를 생하면 부모신의 탈이요.
  관효가 外卦 身爻를 생하면 자손의 귀신이다.
  괘신이 비화 관귀를 극하면 형제 자매의 귀신이다.
  괘내에 관귀가 없으며 일진에 관귀가 있으면 근간에 죽은
  귀신이다.
* 내괘2효가 澤(兌)괘이니 관효가 동하여 澤괘에 임하면
  병을 얻게 된다.
* 子 관귀효 북방 동토 탈이요. 청춘에 죽은 귀신탈이다.
* 丑 관귀효 고묘를 개토한 탈이다 서북방에 있는 묘탈이다.
* 寅 관귀효 범이나 뱀에게 물려 죽은 귀신의 탈이다.
* 卯 관귀효 피를 흘리고 죽은 귀신의 탈이다.

* 辰 관귀효 개나 닭을 먹도 죽은 귀신의 탈이다.
* 巳 관귀효 죽은사람 옷이나 뱀을 먹고 온사람 부정으로 얻은병.
* 午 관귀효 불로 인해 죽은 귀신의 탈이다.

* 未 관귀효 청춘에 죽은 귀신이 침범으로 얻은 병이다.
* 申 관귀효 객귀가 침범함이다.
* 酉 관귀효 조상의 탈이다.여귀가 남장을 하고 침범한 탈이다.
* 戌 관귀효 날짐승을 먹고 죽은 귀신 개고기 먹고 신이 벌
  을 주어 얻은 병이다.

* 亥관귀효 초상집에 음식 먹고 얻은 병
  상문 조객 같은 탈이다.

◎ 천시점天時占)

天時점이란 맑고 흐리고 구름 안개 서리 눈 우뢰 번개 등의
동태를 말하는데 이러한 모든것의 변화 즉 천지 자연의 변화
란 인간의 능력으로 서는 도저히 상상도 못하는 것이며 오직
삼라 만상의 창조신 조물주 하늘의 섭리만이 알고 있는 것이
다. 그러나 그 호호 탕탕한 대자연의 입장에서 볼때 심한 가
뭄이나 심한 장마는 인간뿐이 아니라.

온 만물의 생명에 무한한 생명력을 미치는 것이므로 자기 한
몸의 이해 관계를 떠나 중생을 위한다는 대의 명분에 입각하
여 성스럽고 진실된 마음으로 하늘에 빌고 신명에 기도 뒤
괘를얻어 낸다면 반드시 천지신명이 감회하여 올바른 계시가
있을 것이며 이 계시를 부에 의지하여 하늘로 부터 받아서
육효학적 풀이 법에 의하여 그 해답을 얻어 낸다면 신통한
해답을 얻어 낼 것이다.

* 子孫爻는 일월 성신이 된다. (孫爻를 제일 중요시한다.
  그러므로 자손효가 동하면 일기가 청명하다.
  자손효가 쇄약해 있으면 구름 또는 안개가 있다.
* 부효는 비로 보는바 부효가 동하여 생왕하면 사해에 비가온
  다. 부효는 눈서리로도 본다.

* 재효가 동하면 맑게 개이나 만일 손효에 극을 받으면 때때로 구름 안개가 낀다.
* 관효는 우뢰 번개 안개이니 관효가 동하면 뇌성 번개 안개가 가득하다.
* 형효는 풍운이니 형효가 동하면 풍운이 일기 시작한다.
* 세효는 천지이니 세효가 극을 받으면 일기가 고르지 못하다.
* 6효는 천문의 위이니 6효가 동하면 천문이 열리는 상이되어 곧 비가 내리는 것이다.

* 외효는 만물의 체이니 일월이 동효의 충극을 받으면 변화가 무상하다.
* 천변이란 태풍 해일 낙뇌 산사태 수재 화재 병재 전쟁 등이다.
* 일진은 하루의 날씨를 주관한다.그러므로 부효가 동하여 일진의 극을 받으면 비가 오지 않고 일진의 생을 받으면 큰 비가 내린다.
* 손효는 일월인데 양효는 해로 보고 음효는 달로 보는바 손효가 왕하면 날씨가 청명하고 공망을 만나거나 은복 되면 날씨가 흐린다.
* 관효가 손궁에 동하여 진신이 되고 일월의 생을 받으면 우레 가생긴다. 이러한 경우에 부효가 은복되어 있으면 천둥만치고 비는 오지 않는데 일진이 부효를 만나는 날에 비가 오개 된다. 비를 내리는 점에 부효가 공망 되거나 세효에 辰戌丑未의土가 동하면 비가 오지 않는다.

* 재효가 일진과 동효와 삼합을 이루면 안개만 끼고 비는 오지 않는다. 손효가 재효에 은복되어 무기 하면 비가 온다. 다. 손효가 동하여 일월의 생을 받으면 오랫동안 날씨가 청명하

靑龍이 震효에 동하여 부효로 변하거나 靑龍을 띤 부효가
동하여 재효로 변하면 반듯이 비가 온다.

* 재효가 동하여 관효로 변하면 개인뒤 일기가 비가 온다.
부효가 동하여 형효로 변하면 비 바람이 심하다. 부효가 동
하여 효로 변하면 비가 내린뒤 청명하다. 형효가 동하여 손
효로 변하면 구름이 걷이고 청명하다. 부효가 월건과 같으
면 장마가 오래 간다. 부효가 쇠하고 관효가 왕하면 가랑비
가 내리거나 강우량이 매우 적다 인묘목이 동하면 바람이
일고 巳午 申酉가 空亡을 만나면 우뢰가 심하다.

◎ 원문해설(原文 解說)

* 동효란 양효가 동하면 음으로 변하고
음효가 동하면 양효로 변한다.
* 靜효란 동요하지 않는효를 말함인데 효가 동함에 따라 음
양이 바뀌고 괘상이 변하는 것이다.
* 비록 만가지 상이 복잡 다난하나 한가지 이치로 관통하여
추리해야 한다. 대개 사람에게는 어질고 착한 사람과 어질
지 못한 사람의 구분이 있으니 이와 같이 괘에는 지나치게
부족함의 다름이 있다.

* 용효는 본래 왕한 것을 요구하나 그렇다고 해서 너무 지나
치게 왕하면 좋치 못한 것이니 왕할 때는 극지 하거나 설
기해서 그 힘을 약하게 하는 것이 운이 좋아지며 용신이
극을 받거나 설기를 당하여 쇠약해 있으면 쇠약한 용신을
일진이나 월건 동효가 생조해 주어야 좋아 진다.

* 일진이 용신을 생조해 주고 합 해주면 때를 맞추어 내리는 비가 파릇파릇 돋아나는 싹을 적셔주는 것 같이 아름답고 일진이 용신을 破尅하고 刑沖破害하면 마치 가을에 서리가 내려 초목을 죽이는 것과 같은 것이다. 용신이 일진에 長生이 되거나 帝旺이 되는 것은 대길하다.

* 용신이 死墓絶 일진 기준하여 (공망순종) 가령 庚午일 이라면 甲子순이나 戌亥가 공망을 만나면 대흉하다.
* 일진에 의하여 墓에 들어간 효는 다른 효가 극할수 없고 일월의 생을 받은 효는 공망을 만나도 공망이라 취급 할 수 없다.
* 용신을 일진이 생하거나 일진이 바화된 효는 절후에 의하여 쇠약해도 길한 것이다.

* 용신이 왕한가 약한가를 분별하여 극하고 합한 것을 밝히고 動靜을 가려 破尅에 의한 길흉을 결정한다.
패중에 일진과 같은 자가 많으면 합이라 볼수 없고 패중에 沖爻가 많으면 충효라 할수 없다.

* 복신이 공망에 임하면 매사가 불성이다. 복신이 타효의 생조나 일진 월건의 생조를 받지 못하면 있으나 마나한 존재며. 무기한 비신이 충극을 받아도 또한 그러하다.
* 일진이 용효를 극하면 재앙을 만나고 용효가 일진을 충극하면 무난하다.

* 용신이 동하여 용신으로 변하면 용신으로서 힘이 없고 공망이 동해서 다시 공망으로 변하면 공망이라 해도 공망이 아닌 것이다.

* 괘중에 辰戌丑未 土가 묘에 임하면 감감한 일이 많이 생긴
  다. 동한 효가 세효의 극을 받으면 하는 일이 결정되고 세
  효나 신효를 생하면 일이 지연된다.

◎ 작쾌를 하는데 있어 마음을 한데 모아 정성을 다하여 괘
  를 얻고 지극한 정성으로 추리한다면 과거. 현재. 미래를
  판단하는데 용이할 것이다.

▣ 주역六十四卦직평(直評)

1 1▤ ▤ 건위천(乾爲天)

卦象=>굳세고 강건하게 정정당당하게 성실하게 정도를 밟아라.
運勢=>운기는 향상되어 오르지만 실질이 따르지 못한다.
事業=>행동이 수반되지 않은 우유부단한 의견은 실행이 안 된다.
去來=>서서히 부드럽게 인내성을 가지고 나가는 것이 좋다.
金錢=>당장 서두르지 말고 여유 있게 말하고 융통이 잘 안 된다.
結婚=>성사가 잘 안 되는 수가 많은 편이다. 생활 안정이 우선.
健康=>전염성.신경성.식욕부진.부종.오랜병상의 사람은 위험하다
移徙=>집이사면 2개월 5개월 뒤 사무실은 빨리 물색함이 좋다.
家出=>사람의 왕래가 많은 곳 중 짐작 가는 곳에 있다.
所願=>무리하지 않고 꾸준히 인내성을 가지고 때를 기다리라
就職=>시청 구청 학교 견실한 근무 공무원 잘된다.
入學=>좋은 운세니 일류학교 지망도 좋다. 경쟁자 조심하라.

8 8 ▤▤ ▤▤ 곤위지(坤爲地)

卦象=>조용하고 부드럽고 순종한다. 적극성보다는 남을 따른다.
運勢=>한없이 넓고 넓은 대지다. 육성시키고 성장시키는 덕이다.
事業=>적극적으로 나아갈 때가 아니다. 남들과 상의하면 좋다.
去來=>서로 주저하는 마음이 있어 뜻대로 잘 되지 않는다.
金錢=>교재비용이 아깝다고 인색해 해서는 안 된다.
結婚=>남성 쪽 차차 좋은 아내로 느껴지지만 여성 쪽은 아니다.
健康=>소화기 계통의 질환 과로나 노이로제 발생할 수 있다.
移徙=>이사는 미루는 것이 좋다
家出=>서쪽이나 서남쪽에 찾으면 된다.

所願=>머지않아 소원이 성취된다.
就職=>마음이 엇갈려 헤맨다. 부동산 방면의 일이 좋겠다.
入學=>결정을 내리지 못하고 있다. 혼란된 마음을 없애라.

6 4 ☵ ☳ 수뢰둔(水雷屯)

卦象=>고민 속에서 몸부림친다. 무조건 나가지 말고 협력 후
행동.
運勢=>인재 등용이 중요하다, 훌륭하고 좋은 사람이 얻어 진다.
事業=>다사다난하다. 인내와 노력이 필요하다.
去來=>뜻대로 일이 되지 않는다. 자중하여 신중히 행동하라.
金錢=>부족함은 없으나 투자 금을 회수 못해 곤란한일 생긴다.
結婚=>생각대로 잘 진행되지 않으므로 단념함이 좋다.
健康=>심장 장애 구토 월경불순 몸을 차게 하지 말라.
移徙=>지금 당장 하지 못한다. 이사해도 좋은 일 없다.
家出=>북쪽이나 동쪽에서 찾아보라.
所願=>참을성이 필요 협력자를 구하라.
就職=>현재로선 무리이고 가망이 없다. 연줄로 부탁하는 편이다.
入學=>지망하는 학교 입학 어렵다.

7 6 ☶ ☵산수몽(山水蒙)

卦象=>확인하기 어려우니 밝지 않음과 같다.
運勢=>고민 속에 빠져 애매모호하니 나쁜 쪽으로 기울기 쉽다.
事業=>윗사람의 의견을 듣고 계획을 세워야 성공한다.
去來=>진퇴양란에 빠져 있다. 유능한자를 교섭 장으로 하면 성공.

金錢=>내부에 보이지 않는 虛(허)가있다. 용도 불분명 지출증가.
結婚=>노력으로 쉽사리 성취 못한다. 단 양자는 좋은 자식 얻는다.
健康=>에스선 촬영으로도 발견 못하는 호흡기장애 기억상실 귀병.
移徙=>여행은 중지하고 이사는 하지 말라.
家出=>동북방이다.
所願=>오래 염원하고 구해서 노력하는 일 에는 장래성이 있다.
就職=>선배나 유력자에게 조력을 부탁하라 혼자는 힘들다.
入學=>하급학교 입학만 가능하다.

6 1 ☵ ☰ 수천수(水天需)

卦象=>충분히 기다려라 자기진심이 확고하면 반드시 성공한다.
運勢=>자기의 희망이나 목적을 지키고 힘을 길러 대기한 상태.
事業=>장래성이 대단히 유망 지반을 튼튼히 만들어가면서 대기.
去來=>지금 당장 진행되지는 못한다. 서두르면 분쟁에 휘말린다.
金錢=>기다리고만 있으면 수입의 길은 서서히 커간다.
結婚=>다른 혼처를 생각해 보는 편이 좋을 것이다.
健康=>복막염. 간경화. 소화불량. 고혈압.
移徙=>우연히 적합한 집이 발견 될 때까지 기다리는 것이 좋다.
家出=>서북방에 있다.
所願=>조급히 해결 하려하지 말고 시간을 두고 공을 쌓으면 달성.
就職=>마음을 여유 있게 가지고 서서히 덤비지 말고 운동하라.
入學=>보결 등을 생각해야 할 때이다.

1 6 ☰ ☵ 천수송(天水訟)

卦象=>앞으로 나아가지 말고 제3자의 의견을 들어 봄이 좋다.
運勢=>자기의 의견이 완전히 다르므로 화해를 기다리지 못한다.
事業=>손을 떼라. 견적서 계약서 그 밖의 일로 불리한일 생긴다.
去來=>무리하게 진행 시키지 말고 적절하게 매듭을 짓는게 좋다.
金錢=>원하고 있는 것은 들어오지 않고 반대로 착오가 생긴다.
結婚=>두말할 것 없이 좋지 않다.
健康=>발이 차고 가슴이 막힌다.여성 월경 과다증.
移徙=>전혀 가망도 없지만 해서는 안 된다.
家出=>북쪽이나 서북방.
所願=>시기를 기다려라.
就職=>남들과 동화 되지 못하니 어렵다. 특수기능 좋다.
入學=>가망성 없다.

8 6 ☷ ☵ 지수사(地水師)

卦象=>싸움. 전시. 智(지)仁(인)勇(용)을 겸비 했을 때라야 한다.
運勢=>지하수다. 퍼 올려야. 대단한 실력자 아니면 협력자 조언.
事業=>처음 계약이 매우 중요 소홀하면 뒤집힌다. 이해가 엇갈림.
去來=>일치된 마음으로 강하게 나가 결말을 맺어라.
金錢=>분에 넘치는 무리를 해서는 절대 안 된다.
結婚=>좋지 않다. 불화가 많고 입씨름이 많아 상한다.
健康=>만성 고질병으로 시달린 사람은 위험하니 요양이 필요.
移徙=>주거에 고민은 있으나 수입 문제로 이사할 수 없다.
家出=>서남방. 북방.

所願=>당장은 불가능. 노력하면 차차 성공한다.

就職=>확실한데 경쟁에서 밀려 좌절되기 쉽다.

入學=>이과계통이 좋은데 법과나 경찰학교가 좋다.

6 8 ䷇ 수지비(水地比)

卦象=>좋은 사람이 있다고 생각되면 교분을 두텁게 가져라.

運勢=>의지할 사람을 얻게 된다. 기선을 제압할 힘을 기르라.

事業=>이윤이 적다할지라도 행동으로 옮겨라.

去來=>남이 손쓰기 전에 빨리 행동으로 나가면 성사 거래된다.

金錢=>많은 돈은 아니어도 노력한 만큼 효과가 있을 것이다.

結婚=>혼담이 성립되어도 결혼까지는 다소 시간이 거린다.

健康=>소화기능약화. 능 망막 염 조심,

移徙=>현재론 당분간 그대로 있는 편이 좋다.

家出=>북방. 서남방.

所願=>생각 외의 일이 성취된다.

就職=>특기가 있으면 되나 안면이 있어야 된다.

入學=>실력에 맞추어라. 자신을 가져라.

5 1 ䷈ 풍천소축(風天小畜)

卦象=>일시적으로 막힌 상태에 있지만 조금씩 저장 할수 있다.

運勢=>흐린 하늘처럼 우울 하고 개운치 않은 상태다. 자중하라.

事業=>물질 운이 좋으니 현재의 일을 유지하면 이윤이 생긴다.

去來=>기다려라 상대가 올 때 까지.서두르면 분쟁만 생긴다.

金錢=>부자유스러울 것이 없으니 노력하면 저축한다.

結婚=>당분간 보류해 두는 편이 좋다, 물질은 좋으나 정신고통.

健康=>히스테리로 병을 얻기 쉽다.

移徙=>현재 사는 집이 싫어도 서둘러 이사하지 않는 편이 좋다.

家出=>동남방 서북방 간방.

所願=>인내심만 있으면 이루리라.

就職=>개인 사업이 좋겠다.

入學=>실력을 조금 부족하다 지방학교를 지망해 보라.

1 2 ☰ ☱ 천택이(天澤履)

卦象=>호랑이 꼬리를 밟았구나, 올바르게 정도의 길을 가라.

運勢=>실패가 없도록 깊이 살펴 조심성 있게 정세에 타협하라.

事業=>위험한 상태니 상대가 화해를 구하도록 어깨 힘으로 유도.

去來=>처음계약이 중요하다. 신중한 태도와 확고한 신념이 성공.

金錢=>부자유한 일이 없으니 노력 여하에 따라 불어나게 된다.

結婚=>그다지 좋은 괘는 않이다. 여성이 상속자라면 나쁘지않다.

健康=>임질 매독을 조심하라.

移徙=>시기를 기다려라. 동쪽으로 움직이는 것이 좋다.

家出=>서북방 서방.

所願=>좌절 불안한 상태이나 최후까지 희망을 버리지 말라.

就職=>당장은 불가능 하다 때를 기다려라.

入學=>위험한 때이니 삼류 학교라도 응시하라.

8 1 ☷ ☰ 지천태(地天泰)

卦象=>모든 일이 안정되어 안정을 찾을 것이다.
運勢=>모든 일이 원만하고 안정을 계속하려면 노력이 필요하다.
事業=>사소한 노력으로 사업의 실적이 의외로 오른다.
去來=>노력에 따라서 대부분 성취된다.
金錢=>수입도 크게 늘어나고 횡재가 있겠다.
結婚=>대단히 좋은 연분이다. 생활도 풍부하고 원만한 부부된다.
健剛=>두통 가슴앓이 변비조심
移徙=>서쪽이나 서북쪽에 좋은 곳이 있을 것이다.
家出=>서남 서북쪽.
所願=>대체로 만족한 상태 눈앞에 닥친 일이면 적극적으로 밀라.
就職=>겸손하고 부드럽게. 전업은 좋지 않다.
入學=>대학은 무리다. 목표를 낮출 필요가 있다.

1 8 ☰ ☷ 천지비(天地否)

卦象=>서로 마음이 동떨어져 거부하고 이반하니 이루기 힘들다.
運勢=>당연히 이길 것으로 생각했는데 패배하고 배신당한다.
事業=>전진하지 말라 유능한 사원이 적다 내부 불화를 막아라.
去來=>내 놓지 않는다. 거래하면 손해 본다. 시기를 기다려라.
金錢=>금전상의 분쟁이 일어나기 쉽다 겨울부터 봄에 고민 해결.
結婚=>시일이 걸린다. 동침한 후라 해도 얽히고 풀리지 않는다.
健康=>식욕부진. 시간이 오래 걸리는 병은 완치가 어렵다.
移徙=>현재는 전혀 불가하다 때를 기다려라.
家出=>서북 서남쪽 있다.

所願=>현재는 가망 없다. 반년 후에 기회가 올 것 이다.
就職=>현재는 고되지만 기다리면 찾는 직장이 나타날 것이다.
入學=>합격이 보이지 않는다.

1 3 ☰ ☵ 천화동인(天火同人)

卦象=>서로 공명정대한 행동을 함께 해야 하고 성의를 다하라.
運勢=>집안에 있지 말고 외부에서 구하라. 정직협력 마음가어라.
事業=>내부에 분쟁을 없애라 호조로 갈 것 이다.
去來=>주도권이 나에게 있다 상대가 화해를 구할 것이다.
金錢=>일한만큼 눈에 띄게 얻어질 것이다.
結婚=>잘 알아보라. 좋은 연분의 상대가 발전 되겠다.
健康=>유행성 감기 조심 안질을 조심하라.
移徙=>아파트로 옮기는 것이 좋다.
家出=>서북방 .남방.
所願=>좌절 말라 착안점이 좋다.
就職=>지신의 실력에 맞추어 선택하라
入學=>냉정하고 침착하라 합격한다.

3 1 ☲ ☰ 화천대유(火天大有)

卦象=>찬란한 빛을 발하는 태양처럼 만물이 왕성하게 성장한다.
運勢=>하늘의 때를 받고 있어 운수가 왕성하고 저절로 이루리라.
事業=>대단히 호조를 나타낼 것이다.
去來=>시기가 빠를수록 유리하다.
金錢=>풍부하다 좋은 기분으로 봉사하라.

結婚=>늦어도 성사 된다.
健康=>약이 효력이 없다. 한방을 찾아라.
移徙=>현재 그대로 좋다 이사 불길하다.
家出=>남방. 서북방.
所願=>소원을 이루리라.
就職=>늦어도 해결전망 있다. 전업은 절대로 하지말라.
入學=>마음 놓고 지망하라.

8 7 ≡≡ ≡≡ 지산겸(地山謙)

卦象=>행동을 조심하고 겸손을 기준삼아 도덕과 예절을 가져라.
運勢=>강인성과 청정성이 있으면 행운이 올 것이다.
事業=>한걸음 후퇴하여 기반을 튼튼히 하고 내부를 충실히 하라.
去來=>서두르면 실패한다. 남을 표면에 내세워 풀어가라.
金錢=>물질에 너무 집착 말라. 풍부하지 못하나 부족하지도 않다.
結婚=>시간은 오래 걸려도 성사된다.
健康=>좋이 않다. 만성 환자 불길하다.
移徙=>작고 헐값인 마땅한 집이 나타날 것이다.
家出=>서북방. 동북방.
所願=>유력한 사람에게 의지하고 서서히 실행에 옮겨라.
就職=>작은 회사 개인상점 자리가 난다. 불평 말고 기다려라.
入學=>목표를 낮게 잡아라.

4 8 ≡≡ ≡≡ 뇌지예(雷地豫)

卦象=>모든 것을 미리 사전에 준비 해야 한다.
運勢=>새로운 희망이 보인다. 자기 과시를 삼가 하라.

事業=>내부의 충실을 계산에 넣어 발전으로 향할 것이다.
去來=>대체로 원만하게 일이 진행 될 것이다.
金錢=>금전 운은 매우 좋다.
結婚=>비교적 좋다 성사 된다.
健康=>급변에 조심하라.
移徙=>순조롭지 못하다.
家出=>동방. 서남방.
所願=>전력을 다해야 이룬다.
就職=>봉급 생각 말고 일부터 얻어라.
入學=>합격할 수 있다.

2 4 ☱ ☳ 택뇌수(澤雷隨)

卦象=>옳은 것을 인식하고 그때그때 적절하게 따라가라.
運勢=>자기의 주변에 변화가 일 것이다. 사태에 재빨리 적응하라.
事業=>시운에 맞추어서 적절히 조처를 취해 나가면 결과 있다.
去來=>처음은 어려우나 끝까지 인내로 노력하면 성사된다.
金錢=>운이 따르니 수입도 늘어날 것이다.
結婚=>성사 될 것이다. 재혼도 좋은 시기다.
健康=>호흡기가 쇠약하다.
移徙=>조용하고 쾌적한 곳이 보인다.
家出=>남쪽과. 북쪽.
所願=>목적을 위하여 나아가면 이룬다.
就職=>도와주는 사람 있다. 될 것이다.
入學=>조금 낮추면 입학 된다.

7 5 ☶ ☴ 산풍고(山風蠱)

卦象=>파괴된 것을 복구해야. 3일전에 계획 짜서 실행하면 성공.
運勢=>내부 분쟁 발생 냉정한 판단으로 서서히. 급하면 부작용.
事業=>부친이 하던 사업 자식이 맡아서 성공 시킨다.
去來=>무리가 생기는 거래는 취소하고 새로 시작하라.
金錢=>큰 투자는 하지 않는 것이 좋다.
結婚=>중지하는 것이 좋다.
健康=>정사에 기인 한다.
移徙=>이사하라 기분이 전환 된다.주택 매입 시 손상부분 조사후.
家出=>동남방. 동북방.
所願=>새로운 방향으로 전환하라.
就職=>지금은 불가능 내부 분쟁 정리가 급선무.
入學=>부모님 졸업학교나 외교성을 발휘하면.

8 2 ☷ ☱ 지택임(地澤臨)

卦象=>모든 일이 왕성해져 군림 할 것이다.
運勢=>운기가 상승하니 승진. 영전. 봉급인상. 외국 유학의 기회.
事業=>화려하다 새로운 사업 착수 유능한 인물이 필요하다.
去來=>강경책 보다는 온화 책이 효과를 보겠다.
金錢=>여유가 있다 .힘에 겨운 짓은 하지 말라. 낭비가 많겠다.
結婚=>열심히 노력하라 좋은 인연이다.
健康=>건강 좋다. 회복된다. 여성 히스테리.
移徙=>숙명으로 이사하지만 또 이사해야할 상황 생긴다.
家出=>서방. 서남방.
所願=>소원 성취한다.
就職=>좋은 기회다. 기쁘게 맞을 것이다.
入學=>당황하지 말고 마음 안정하면 합격이다.

5 8 ☴ ☷ 풍지관(風地觀)

卦象=>관찰한다. 오직자기만이 진심으로 행하면 족하다.
運勢=>정신적인 문제는 대단히 좋다. 권불 10년을 생각하라.
事業=>새로운 계획이나 새 사업은 착수하지 말라.
去來=>앞으로 나아갈 때가 아니다.
金錢=>욕망으로 부터 자기를 멀리하고 조용한 생활을 하라.
結婚=>당사자끼리는 잘되어 가지만 주위 때문에 시간이 걸린다.
健康=>식욕부진 정력 감퇴.
移徙=>절대로 이사하지 말라
家出=>동남. 서남.
所願=>정신적이면 이룬다.
就職=>학교 선생이나 종교 쪽이면 좋다.
入學=>대학에 입학할 수 있는 좋은 때이다.

3 4 ☲ ☳ 화뢰서합(火雷噬嗑)

卦象=>깨문다. 겁내지 않고 과단성 있는 행동.
運勢=>의욕적이나 원활하지 않다. 흉금을 털어 놓으면 결과 있다.
事業=>큰일을 해도 좋다. 법에 걸리는 일은 해서 안 된다.
去來=>강하게 나가면 좋은 결과를 얻는다.
金錢=>노력하라 얻을 것이다.
結婚=>결혼 좋이 않다.
健康=>음식을 조심하라 장애가 있다.
移徙=>서두르지 말라. 일시적인 장소라면 적당 곳이 발견된다.
家出=>남방. 동방.
所願=>끈기 있게 견디어 가면 성취한다.
就職=>덤비지 마라 차분히 노력하면 달성하리라.
入學=>기력을 양성하고 당황하지 말고 실수하지 말라.

7 3 ☶ ☲ 산화비(山火賁)

卦象=>모양을 낸다. 사치보다는 실질을 소중히 하라.
運勢=>앞날이 어떻게 될지 모른다. 서서히 실행하면 무난하다.
事業=>큰 장사 위험이 따른다. 작은 장사 잘된다. 이윤을 나누라.
去來=>현물거래. 속이면 당한다.
金錢=>작은 이익을 얻을 것이다.
結婚=>성취한다.
健康=>이성을 조심하라.
移徙=>그대로 있는 편이 좋다.
家出=>동북방. 남방.
所願=>곧 해결된다.
就職=>개인적인 사업이 결말 본다.
入學=>문과 계통이나 미술학과다.

7 8 ☶ ☷ 산지박(山地剝)

卦象=>위험에서 내 몸을 지키고 빠져 나가려고 노력하라.
運勢=>선의나 성의가 통하지 않는다. 강제적으로 빼앗긴다. 배신.
事業=>내부의 적자로 사업의 규모를 줄이고 처음처럼 생각하라.
去來=>상대가 적극적으로 나와도 받아들이지 말라.
金錢=>주위 사람들로부터 이용당해 불필요한 지출이 많다.
結婚=>좋이 않다.
健康=>체력소모로 오래간다.
移徙=>이사 여행 신축 모두 불가하다.
家出=>동북방 서남방.
所願=>원해도 가망이 없다.
就職=>안 된다. 물장사나 오락 방면이면 좋다.
入學=>목적이 높으니 조금 낮추는 편이 유리하다.

8 4 ☷ ☳ 지뢰복(地雷復)

卦象=>일양래복(一陽來復)돌아올 것이고 돌아갈 것이다.
運勢=>계획을 잘 세워서 기초를 잘 닦으면 유망하다.
事業=>계획 없이 새로운 사업을 하지마라 성과가 없다.
去來=>확실한 계약 없이 하지마라 모두 반품 될 것이다.
金錢=>손에 자금이 없다 물품 매입에 곤란을 받을 것이다.
結婚=>좋이 않다. 재혼은 좋을 것이다.
健康=>위장 복통.
移徙=>집은 지금 당장 움직일 수 없다.
家出=>서남방. 동방.
所願=>노력하라 우인들의 도움이 있어야 희망이 있다,
就職=>당장 어렵지만 원하던 직업이면 복귀한다.
入學=>한번으론 안 된다.

1 4 ☰ ☳ 천뇌무망(天雷无妄)

卦象=>하늘의 뜻대로 순종하라. 거역하면 스스로 재난을 당한다
運勢=>몸부림치면 칠수록 결과가 나쁘다. 적절한 수단으로 행동.
事業=>오직 피동적인 태도를 취하는 것이 가장 좋은 방법이다.
去來=>상대편의 태도에 따라 잘 생각한 후 진행하라.
金錢=>구애되면 안 되니 그리 큰 부자유는 없을 것이다.
結婚=>좋은 연분이다.
健康=>바로 완치 된다.
移徙=>이사는 중지하는 편이 좋다.
家出=>서북방. 동방.
所願=>달성 가망 없다.
就職=>서두르지 말라 때를 기다려라.
入學=>무난하다.

8 1 ☶ ☰ 산천대축(山天大畜)

卦象=>옳게 지도를 받고 실력을 양성하여 지식과 인덕을 갖추다.
運勢=>확고한 내각과 안정된 경제 전체적으로 좋은 운세다.
事業=>단숨에 이루려 하지 말고 한걸음 식 쌓아가야 한다.
去來=>적극성은 필요하지만 과격한 행동은 금물이다.
金錢=>큰돈을 만지겠다.
結婚=>좋은 연분이다.
健康=>소화불량 신경과민.
移徙=>현재 상태에 머물러라.
家出=>동북. 서북방.
所願=>희망이 보인다.
就職=>안정감 있는 직장이 얻어진다.
入學=>일류 학교에 응시하라.

7 4 ☶ ☳ 산뢰이(山雷頤)

卦象=>양육할 수 있다. 아래턱과 위턱 움직일 수 있다.
運勢=>생활의 방침을 세운다든지 직업을 가을 수 있다.
事業=>힘을 모아 힘차게 나아가라.
去來=>서로 간에 의견이 일치한다.
金錢=>필요한 만큼 들어온다.
結婚=>잘 진행 될 것이다.
健康=>부주의에서 오는 탈이 많다.
移徙=>때를 기다려라.
家出=>도방. 동북방.
所願=>시간을 요하라.
就職=>좋은 때이다.
入學=>합격한다.

2 5 ☱ ☴ 택풍대과(澤風大過)

卦象=>만반의 준비를 갖추라. 힘의 균형을 취하라.
運勢=>문제를 보류하고 조금이라도 짐을 덜어라.
事業=>사적인 일을 피하고 기초를 튼튼히 해야 난관을 극복한다.
去來=>무리하게 하지 마라.
金錢=>위기에 처해 있는 상태다.
結婚=>성격 차이로 적당치 않다.
健康=>급 고통을 수반하는 경우가 많겠다.
移徙=>나쁘다.
家出=>서방. 동남방.
所願=>하늘을 감동 시키면 이룬다.
就職=>희망한 곳은 안 된다.
入學=>실력보다 쉬운 곳을 택하라.

6 6 ☵ ☵ 감위수(坎爲水)

卦象=>진심으로 정성을 다하면 이루리라.
運勢=>진퇴양란에 처해있다. 정신적 수양을 가져라.
事業=>적극책은 금물이다 남의 보증도 금물이다.
去來=>가망이 없다.
金錢=>지출하지 말라 좋치 않다.
結婚=>좋치 않다. 노인의 결혼은 좋다.
健康=>신경쇄약. 월경불순. 주독.
移徙=>소유가 두 사람. 좋지 않다.
家出=>북방.
所願=>혼자 행동하라 남에게 표현 말라.
就職=>안 된다.
入學=>가망 없다.

3 3 ☲ ☲ 이위화(離爲火)

卦象=>자신을 앞세우지 마라 온순하게 따르는 기분을 자져라.
運勢=>좋은 괘다. 유능한 사람의 의견을 받아들이는 것이 좋다.
事業=>모든점이 화려하다 잘 조절하지 않으면 안된다.
去來=>부분적 결말이다. 서류착오를 조심하고 성공의 기회 있다.
金錢=>주위가 화려하니 교제비 등으로 헛된 지출이 많겠다.
結婚=>사귀던 사람과 잘될 것이다.
健康=>고열 심장에 주의하라.
移徙=>움직이지 마라.
家出=>나방.
所願=>마음을 정하지 못한다.
就職=>예술 방면으로 가라.
入學=>합격 된다.

2 7 ☱ ☶ 택산함(澤山咸)

卦象=>옳은 것이면 받아들여도 좋다. 오직 진심이어야 한다.
運勢=>운이 좋은 때이므로 민감하게 행동하면 좋다.
事業=>모두 협력하니 발전하고 향상할 것이다.
去來=>유리한 조건으로 이끌어 질석이다.
金錢=>노력 여하에 따라 수입이 크게 달라진 것이다.
結婚=>잘될 것이다. 양자나 데릴사위면 더욱 좋다.
健康=>전염병에 조심하라.
移徙=>좋은 때이다 새집을 지으면 더욱 좋다.
家出=>서방 동북방.
所願=>기다리지 말고 속히 실행하라.
就職=>남보다 앞서 결정해야 한다.
入學=>생각한데로 가라. 문과면 좋겠다.

4 5 ☳ ☴ 뇌풍항(雷風恒)

卦象=>무사평온(無事平穩)방침을 바꾸지 말라. 평화롭다.
運勢=>허망한 꿈을 꾸지마라 이유 없이 방침을 변동마라.
事業=>확장마라. 새로운 계획도 하지마라.
去來=>그대로 계속하라.
金錢=>일상 금전 풍부하다. 실익이 생기겠다.
結婚=>이미 부부의 형태이다. 좋은 연분이다.
健康=>요양이 필요하다.
移徙=>이사하지 마라.
家出=>동방 동남방.
所願=>꾸준히 노력하라 이룬다.
就職=>현상 유지에 힘쓰라.
入學=>실력에 맞는 대학이면 좋다.

1 7 ☰ ☶ 천산둔(天山遯)

卦象=>잠시 물러나서 다음을 기약하라.
運勢=>마음이 들떠있어 나가려하나 운세가 쇠하니 물러나라.
事業=>크게 벌리지 말라. 적은데서 알차게 움직여라.
去來=>진전 되지 않으니 불리한 입장이다. 나아가지 말라.
金錢=>돈은 쓸 때가 많은데 수입이 적다. 빌리기도 힘들다.
結婚=>성사되지 않는다.
健康=>현재 중병이면 조심해야 한다.
移徙=>좋은 때이다.
家出=>동북간 서북간방.
所願=>이루어 지지 않는다.
就職=>유흥업이나 여행업을 구하라.
入學=>예능 방면을 택하라.

4 1 ䷡ 뇌천대장(雷天大壯)

卦象=>모든 상태가 시세를 타고 왕성해 지고 있다.

運勢=>세력이 마구 뻗친다. 호랑이에 뿔난 모습, 대책이 필요하다.

事業=>운이 강하게 밀어 닥친다. 앞을 볼 줄 알면 나쁘지 않다.

去來=>온건한 방법을 취하면 성사된다.

金錢=>여유 있다 낭비 말고 저축하면 반드시 쓸때있다.

結婚=>성사되지만 남성이 강해 여성이 건강을 잃는다.

健康=>병이 악화된다.

移徙=>그대로 있으되 신축이면 옮기는 것이 좋다.

家出=>서북간 동방.

所願=>적게 생각하면 이룬다.

就職=>철도 건축이 좋다.

入學=>합격률이 높다.

3 8 ䷢ 화지진(火地晋)

卦象=>충성을 바쳐서 크게 상을 받는다.

運勢=>고생한 보람으로 희망이 보인다. 단번에 처리하지 말라.

事業=>새로운 계획이나 사업에 착수하겠다. 근면하면 이룬다.

去來=>우유부단하지 말고 적극적인 공세를 취하라.

金錢=>가진 돈은 적으나 이제부터 활동에 따라 많아질 것이다.

結婚=>꾸물대지 말라 좋은 인연이다.

健康=>심장 질환에 주의 하라.

移徙=>도심보다 다소 떨어진 곳이 좋을 것이다.

家出=>남방 서남방.

所願=>희망을 이루어진다.

就職=>전망이 밝다.

入學=>목표하던 학교에 입학한다.

8 3 ☷ ☲ 지화명이(地火明夷)

卦象=>어둡다. 정도를 지키며 조용히 기다려라.
運勢=>어두운 밤이다. 속거나 유혹에 조심 혼자만 알고 행동하라.
事業=>새것은 중단 아무 일도 하지마라. 표면에 나서지 마라.
去來=>상대 말을 믿지 마라 속임수가 많다.
金錢=>미움 산다. 돈 있는 척 하지마라.
結婚=>성사 힘들다.
健康=>소회기 쇠퇴 시력감퇴.
移徙=>무리하게 하지마라. 병생기거나 도난당한다.
家出=>남방 서남방.
所願=>희망이 전혀 없다.
就職=>때를 기다려라.
入學=>힘들다 목적을 위해 분발하라.

5 3 ☴ ☲ 풍화가인(風火家人)

卦象=>현모양처의 상이다. 장유의 순서가 지켜져 오래 번영한다.
運勢=>애정문제 친척 불화. 내부를 따듯하게 경제를 살려라.
事業=>가내 업은 안 된다. 장부 정리를 잘 돌봐야 한다.
去來=>원활하다 큰 거래는 피하라.
金錢=>신탁 투자나 전망 밝은 사채 사두는 것이 좋다.
結婚=>무사히 성사 된다.
健康=>피로하다 몸을 따듯하게 하라.
移徙=>그대로 있는 것이 좋다.
家出=>남방 동남방.
所願=>대개는 성취한다.
就職=>좋은 경력을 써 넣으면 효과 있다.
入學=>조금 부족하다.

3 2 ☲ ☱ 화택규(火澤睽)

卦象=>작은 일에 만족하고 즐거움을 가져라.(서로 반목)
運勢=>대립과 갈등이 많다. 가정 안에서 화목을 이루지 못한다.
事業=>자중하라 기다려라. 분쟁을 조심하라. 반년이다.
去來=>불필요한 거래를 삼가하고 수습하는데 힘써라.
金錢=>크게 궁색하지는 않다.
結婚=>이루기 힘들다 화근이 생긴다.
健康=>노이로제 스트레스가 생긴다.
移徙=>현 위치에서 가까우면 좋다.
家出=>남방 서방.
所願=>생각지도 않은 사람이 돕겠다.
就職=>작은 상점이다.
入學=>예술 예능방면이 좋다.

6 7 ☵ ☶ 수산건(水山蹇)

卦象=>괴로움 뿐 마음대로 진행이 안 된다. 협조를 구하라.
運勢=>운세가 막혀있다. 이성과 지력뿐이다 신중히 처신하라.
事業=>서두르지 말고 내부를 잘 관리하라 자금조달이 중요하다.
去來=>때를 기다려 몸을 지켜라 아무리 유리해보여도 패소한다.
金錢=>꾸준히 기다려라 급전을 쓰면 담보가 차압된다.
結婚=>혼사는 이루어지지 않는다.
健康=>반신불수를 조심하라 혈압 체크를 자주하라.
移徙=>이사를 해야 할 처지이지만 여건이 맞지 않으니 어쩌라.
家出=>북방 동북방.
所願=>무리하지 마라 자기능력을 반성하는 기회다.
就職=>여성이 소개하는 자리가 좋다.
入學=>일류학교는 피하는 것이 좋다.

4 6 ☳ ☵ 뇌수해(雷水解)

卦象=>기회가 올 때 돌진하기위해 실력을 쌓아두라.
運勢=>괴로움에서 해방된다. 무사태평했다면 기회를 놓칠 수 있다.
事業=>몹시 분주하다 유능한 직원을 두면 부진에서 벗어난다.
去來=>오래 끌던 교섭이 이루어지겠다.
金錢=>일한 만큼 효과가 있다.
結婚=>오래 끌어오던 혼담이 성사되겠다.
健康=>표면에 나타나지 않는 병을 조심하라.
移徙=>집 찾기 힘들지만 이사하고 나면 정신적고통에서 해방된다.
家出=>동방, 북방.
所願=>희망을 버리지 마라 대기만성(大器晩成)이다.
就職=>연고가 있는 사람이 뜻밖에 좋은 자리를 알선한다.
入學=>몇 번이나 낙방한 학교에 합격할 차례이다.

7 2 ☶ ☱ 산택손(山澤損)

卦象=>별다른 이익 없이 자기의 신념을 위하여 자기를 희생한다.
運勢=>눈앞에 이익을 버리고 먼 장래를 생각한다.
事業=>너무 서두르지 않는다면 성공할 수 있기에 투자해도 좋다.
去來=>당장은 손해날 뜻하지만 미래를 생각해서 계약해도 좋다.
金錢=>지출이 많을 때이니 조심해야 한다. 허나 후에 수금된다.
結婚=>좋은 연분이다. 좋은 자부 좋은 신랑 길이 행복이다.
健康=>체력이 쇠약할 때이다.
移徙=>이사 나쁘다 한동안 그 자리 머무르라.
家出=>동북. 서방.
所願=>적극적으로 밀고 나가는 것은 삼가해야한다.
就職=>급여는 적겠지만 일단 근무하라.
入學=>신학이나 불교학이 적성에 맞는다.

5 4 ☴ ☳ 풍뇌익(風雷益)

卦象=>궁극을 타개하기 위해서는 고난을 극복하고 적극적이 좋다.
運勢=>기초가 튼튼하여 순조롭게 뻗어 나간다.
事業=>순조롭다하여 지나친 확장은 곤란하니 조종을 잘해야 한다.
去來=>모든 일이 순조롭다 만사형통. 재판 소송 유리하다.
金錢=>재운이 풍족하다.
結婚=>의기 화합하니 성대한 축하를 받는다.
健康=>급성이면 회복되나 간장 신장 시력 주의 하라.
移徙=>좋은 환경으로 이사한다.
家出=>동방 동남방.
所願=>남의 조력으로 성취할 수 있다.
就職=>이동 판매업이 좋겠다.
入學=>제1지망에 합격한다.

2 1 ☱ ☰ 택천쾌(澤天快)

卦象=>공명정대하게 이론으로 설득 만사를 순조롭게 이끌라.
運勢=>위험을 지니고 있는 호운이다. 물이 넘쳐 뚝 이 터지는 격.
事業=>목적과 계획만을 세워놓고 한걸음 물러나 때를 기다려라.
去來=>상대가 응해 올 때 까지 조용히 기다려라.
金錢=>금전운세는 좋은 때이다. 절정이니 미움 받지 않도록 하라.
結婚=>좋지 않다. 결혼한 사람은 이혼수가 있다.
健康=>병세가 강하다. 조심조심 하라.
移徙=>중단하는 것이 좋다.
家出=>서방 서북방.
所願=>무리하면 상처뿐이다.
就職=>지금까지 닦은 실력을 발휘할 때다.
入學=>희망한 학교에 합격할 수 있다.

1 5 ☰ ☴ 천풍구(天風姤)

卦象=>한 여자가 5남자와 맞서니 상당한 활동력 수익이 있다.
運勢=>그리 좋은 편이 아이다. 달콤한 말로 꾀는 사람을 조심.
事業=>현재 상태를 어떻게 굳게 지킬 것인가 생각하라.
去來=>일이 잘 풀리지 않으니 서두르고 나아가지 말라.
金錢=>사기당하기 쉬울 때 이니 조심하라.
結婚=>좋지 않다.
健康=>성행위를 가까이마라. 피로의 병이다.
移徙=>중지하라.
家出=>서북방. 동남방.
所願=>큰 문제는 통하지 않으나 여성으로 인해 이룬다.
就職=>특수 업종. 특수기술이 있어야.
入學=>미용학교나 호텔.

2 8 ☱ ☷ 택지췌(澤地萃)

卦象=>풀이 무성한 연못으로 모이는 형국. 정치인이면 좋다.
運勢=>잉어가 용문에 오르는 상. 모인사람을 화목으로 이끌라.
事業=>운세가 강하니 성공한다. 너무 외고집을 삼가라.
去來=>이익에 너무 추구하지 말고 성의와 진심을 보여라.
金錢=>한곳에 동결되어 있어서 풀리지 않는다.
結婚=>좋은 인연이 맺어진다.
健康=>감기에 조심하라.
移徙=>이사할 형편이면 조금 비싸도 매입하라.
家出=>서방. 서남방.
所願=>강한 신념이면 이룬다.
就職=>대기업이면 결과 좋다.제2도 시험보도록.
入學=>국공립에 지원하라.

8 5 ䷭ 지풍승(地風升)

卦象=>새로운 희망을 향하여 노력하면 반드시 도달한다.
運勢=>모든 운세가 솟아오르는 기운을 타고 있다.
事業=>사업이 성장할 좋은 운세니 신용이 생명이다 하라.
去來=>한참 뻗어나갈 운세다 두 번 세 번 반드시 성공한다.
金錢=>일 한만큼 얻는다.
結婚=>혼사가 빨리 이루리라.
健康=>신장 취장을 조심하라.
移徙=>잘 아는 사람에게 의뢰하라 좋은 집을 얻는다.
家出=>서남 동남.
所願=>남쪽에 얻으리라.
就職=>곧 통지가 있으리라.
入學=>좋은 결과가 있을 것이다.

2 6 ䷮ 택수곤(澤水困)

卦象=>괴롭다. 정당한 사실을 주장해도 믿어주지 않는다.
運勢=>사면이 꽉 막혀 옴짝 못한다. 새로운 기회를 대비하라.
事業=>감언이설에 귀를 기울이지 말라.
去來=>서두르지 말라. 곤란만 가중한다. 다소 양보하라.
金錢=>감언이설로 사기를 당하기 쉽다.
結婚=>인연이 없는 사이니 뜻을 이루기 힘들다.
健康=>기력과 체력이 완전 소모되었다.
移徙=>이사해도 마찬가지다.
家出=>서방 북방.
所願=>때를 기다려라 이루어지지 안 는다.
就職=>이루어지지 안 는다.
入學=>합격 가망 없다.

6 5 ☵ ☴ 수풍정(水風井)

卦象=>중도에 끝내지 말라 꾸준함이 있어야 한다.

運勢=>걱정이 많고 마음을 놓을 수가 업구나 노력하면 이룬다.

事業=>중도에 멈추지 말고 꾸준히 나가라 급하게 이윤 보지 말라.

去來=>여러 번 만나서 합일점을 찾으라.

金錢=>융통 되지 못한다. 지출만 많다.

結婚=>방해가 많으니 어찌 할고 혼사 이루어도 트집을 잡는구나.

健康=>좀처럼 회복 되지 않는다.

移徙=>이동하지 말라 안 좋다.

家出=>북방 동남방.

所願=>이루기 힘들다.

就職=>기회가 닥칠 것이다.

入學=>무리한 상태다.

2 3 ☱ ☲ 택화혁(澤火革)

卦象=>개혁하라. 지금까지 미숙한 점을 개선하면 성과 있다.
運勢=>사계절이 변하듯 개혁하라 새것을 받아들이되 확실 하라.
事業=>변화가 있겠다. 건설업이면 성적을 올린다.
去來=>서두르지 않으면 좋은 기회를 얻는다.
金錢=>투자하면 큰 이익이 있겠다.
結婚=>초혼 보다는 재혼이 막혔던 운세가 트인다.
健康=>병세가 악화되어 불길하다.
移徙=>기다려라.
家出=>서방 남방
所願=>태도를 바꾸지 말라 열심이면 이루리라.
就職=>신설회사나 신규모집에 응하라 채용된다.
入學=>목적한 학교에 합격한다.

3 5 ☲ ☴ 화풍정(火風鼎)

卦象=>왕과 신하가 잔치를 베푸니 정겹다.
運勢=>재력 지력 기반이 잘 이루나 합심해야 이룬다.
事業=>내용을 새롭게 하고 새로운 거래처 터보는 것이 좋다.
去來=>내입장이 약하다고 생각하고 성실히 융화책을 써라.
金錢=>원활하게 융통 시켜라 사장 시켜 놓는 일은 금물이다.
結婚=>아주 길하다.
健康=>전염병에 유의하라.
移徙=>좋은 집을 얻으리라 비싸게 사도 고가로 팔 수 있겠다.
家出=>남방 동남방.
所願=>상대를 먼저 행복하게 하라. 나도 행복해 지면서 구한다.
就職=>결정이 날것이다. 승진수도 있다.
入學=>사립 명문대를 선택하고 경제과나 상과를 전공하라.

4 4 ☳ ☳ 진위뢰(震爲雷)

卦象=>천둥소리요란하다. 침착하고 냉정하게 거동하면 무사하다.
運勢=>분발하면 사업을 수행할 수 있으나 내용이 없을 수 있다.
事業=>여러 개에 손을 대니 바쁘기만 할뿐 실익을 얻기 힘들다.
去來=>눈앞에 이익만 쫓지 말고 먼 장래를 보라.
金錢=>꾸준히 밀고 나가라 자금사정도 풀릴 것이다.
結婚=>재혼은 좋으나 초혼은 쌍 혼에 망설인다.
健康=>히스테리 불면증이 일어나겠다.
移徙=>집을 옮기는 일이 생긴다. 집안에 약간 분쟁이 있겠다.
家出=>동방.
所願=>상대가 받아주지 않으니 상대의 기분을 전환 시켜라.
就職=>한곳으로 집중시키고 열심히 노력하라.
入學=>집에서 남쪽 방향 학교를 선택하라.

7 7 ☶ ☶ 간위산(艮爲山)

卦象=>공을 구하지 말고 경거망동을 삼가고 자기반성을 하라.
運勢=>간은 산이고 움직이지 말라는 뜻이니 움직이지 말라.
事業=>두 곳에 사업을 차리니 힘이 분산되어 실적이 없다.
去來=>결과가 없다. 먼저 눈앞에 닥 친일부터 처리해야한다.
金錢=>현금보다 부동산이나 토지를 얻을 것이다.
結婚=>맞벌이 부부 좋다. 중년남성 첩이 생기겠다.
健康=>가벼운 운동을 시작하라.
移徙=>안정하라 이사는 금물이다.
家出=>동북방.
所願=>시기를 기다리고 마음을 안정 시켜라.
就職=>작은 무대에서 스스로 만족하라.
入學=>도움으로 입학한다.

5 7 ☴ ☶ 풍산점(風山漸)

卦象=>모든 일에 순서를 밟아서 장래의 방침을 세워야한다.
運勢=>기초가 잡혀가는 과정이다. 무모한 전진을 삼가 하라.
事業=>서서히 발전해 나가는 때이니 보충을 서두르면 빠르다.
去來=>순서와 절차를 밟아 적극적으로 행동해야 유리하다.
金錢=>재고 값이 올라 예상외에 이익을 창출한다.
結婚=>정식 수속을 밟은 결혼은 매우 길하다.
健康=>노인과 병자는 조심해야 한다.
移徙=>하지마라 기다려라.
家出=>동남 동북방.
所願=>만족스럽지 못하다 기다려라.
就職=>신용이 붙어 현재보다 한 계단 위로 오르겠다.
入學=>내 실력이상의 학교도 노력하면 반드시 성취한다.

4 2 ☳ ☱ 뇌택귀매(雷澤歸妹)

卦象=>깊이 삼가며 자기가 놓여있는 입장을 지키면 무사하다.
運勢=>앞서 나아가지 말라. 성급하면 계약위반 뒷감당 못한다.
事業=>순조롭지 못하다. 환경에 순응하고 현상유지에 힘쓰라.
去來=>금전 관계에서 사고가 나기 쉬우니 부정한 일을 삼가라.
金錢=>현재 자금으로 봄까지 지탱하라 새로 투자는 금물이다.
結婚=>첩은 귀격이나 결혼은 흉 격이다.
健康=>약을 써도 잘 낫지 않으니 어찌할꼬.
移徙=>주거지 변경 나쁘다. 부득하면 동쪽이나 서북쪽이 좋다.
家出=>동방. 서방.
所願=>일부분이라도 성취되면 다행이다.
就職=>여자 서비스업. 남자 외판 업.
入學=>이류 학교를 지망하라.

4 3 ☳ ☲ 뇌화풍(雷火豊)

卦象=>크게 성하고 있다. 그러나 쇠운이 올 것을 대비하라.
運勢=>표면은 밝고 활기가 넘치나 속으로 쇠퇴기운이 돈다.
事業=>축소해서 건실한 방침을 세워라. 신규 사업 금물이다.
去來=>즉시 결정하라 해결이 어려우면 포기하라. 소송 간다.
金錢=>나간 돈이 들어오지 않아 구멍을 남기게 된다.
結婚=>결혼 후에 반드시 후회한다.
健康=>변화가 심하다 주의해야 한다.
移徙=>주거가 안정되지 않으니 이사해도 안정되지 않는다.
家出=>동방 남방.
所願=>기다리던 소식이 전보나 편지로 받겠다.
就職=>현재 직업에 만족하라.
入學=>지망한 학교보다 한 단계 내려라.

27 ☲ ☶ 화산여(火山旅)

卦象=>목적지를 향하여 차근차근 정진하라.
運勢=>생각대로 되지 않는다. 기초를 다지고 계획을 세워라.
事業=>한 걸은 뒤로 물러나는 마음가짐을 가져라.
去來=>상대의 의견을 따라가면서 자기의 이익을 좇아라.
金錢=>경비만 많고 자금에 압박을 받겠다.
結婚=>정식 결합은 이루지 못한다.
健康=>병상에 있으면 악화되니 조심하라.
移徙=>좋이 않다.
家出=>남방 동북방.
所願=>생각대로 되지 않는다.
就職=>학교나 문화 방면에 노력하라.
入學=>희망한 학교에 합격한다.

55 ☴ ☴ 손위풍巽爲風)

卦象=>사물에 따라서 입장을 얻는다. 계통적으로 행동해야한다.
運勢=>침착성을 잃고 진퇴를 망설인다. 좋은 일 나쁜 일 겹친다.
事業=>자기 기반위에서 다른 사업에 투자해도 이익 있다.
去來=>최초의 계획대로 밀고 나가라.
金錢=>자신이 익숙한 일에는 돈이 들어온다.
結婚=>결정하지 못하고 망설인다. 선배와 상의하라.
健康=>부인에게 부인병이 생긴다.
移徙=>너무 큰집이 아니면 이사해도 좋다.
家出=>동남방.
所願=>작은 일은 이루어진다.
就職=>자기 장사나 판매기술을 배워라.
入學=>조금 더 노력하라.

22 ☱ ☱ 태위택(兌爲澤)

卦象=>사람을 대할 때는 진실과 성실로 자신을 올바로 지켜라.
運勢=>표면으로는 그럴듯하게 보이지만 진실함이 없는 상태다.
事業=>자기 본업을 충실이 지켜라. 내용을 충실이 다듬어라.
去來=>의심을 가지고 있으니 호감을 가지도록 친절 하라.
金錢=>약속된 것이 들어온다.
結婚=>진실이 결여되어있다.
健康=>호흡기 빈혈을 조심하라.
移徙=>그 자리 그대로 있는 것이 좋다.
家出=>서방.
所願=>잘될 뜻 하면서 잘 안 된다.
就職=>예능계는 순조롭다.
入學=>하급학교를 택하라.

56 ☴ ☵ 풍수환(風水渙)

卦象=>흩어진다. 단속하라.
運勢=>지금까지의 불운을 만회할 좋은 기회다.
事業=>기울어진 사업을 일으킬 최고의 기회다.
去來=>먼저 충분한 정보를 얻은 후에 대비하면 성공한다.
金錢=>유효적절하게 지출해야 한다. 들어와도 나가기 때문이다
結婚=>혼담이 있으나 잘 안 된다.
健康=>치질 월경과다.
移徙=>이사해서 기분을 전환하라 괴로움도 해소된다.
家出=>동남방 북방.
所願=>희망이 보인다.
就職=>아는 사람을 통하면 이루리라.
入學=>공립학교 법률계통이다.

6 2 ☵ ☱ 수택절(水澤節)

卦象=>절도와 절제를 지키데 때와 장소에 따라 신속히 회전하라.
運勢=>도를 지나치면 스스로 자기 무덤을 파는 격이 되다.
事業=>작은 사업은 꼼꼼하면 이익을 얻지만 큰 사업은 안 된다.
去來=>지나친 욕심은 금물 상대 조건을 충분히 검토하라
金錢=>지출이 많겠다. 지니고 있는 현금은 쓰지 마라.
結婚=>참 좋은 인연이다. 아기자기한 결혼생활 한다.
健康=>과음 과식에 위하수다.
移徙=>그대로 좋다 아무리 찾아도 좋은곳 없다.
家出=>북방 서방.
所願=>시기를 기다려라. 작은 일은 노력하면 이룬다.
就職=>현재 직장에 만족하라.
入學=>계속 힘쓰면 반드시 합격한다.

5 2 ☴ ☱ 풍택중부(風澤中孚)

卦象=>豚魚(돈어) 돌고래처럼 서로 성의를 잘 느껴 협력하라.
運勢=>성신 성의를 가지고 해나가면 만사형통이다.
事業=>지금은 부진 힘들지만 성의를 가지면 반드시 호전된다.
去來=>서로 성의를 갖지 못하면 약속이나 예약이 수포사 된다.
金錢=>돈에 애착마라 정신적인 면에 중시하라.
結婚=>서로 열열이 구애하니 성사된다.
健康=>심장 고열 시력 담 퇴.
移徙=>집을 판 경우는 좋으나 셋집 삭 월세는 안 좋다.
家出=>동남 서방.
所願=>성심을 다하라 이루리라.
就職=>정직하게 지기 입장을 밝히면 된다.
入學=>반드시 합격한다.

47 ☳ ☶ 뇌산소과(雷山小過)

卦象=>지나치기 쉽다. 겸손 하라. 새가 어두워 길을 잃는다.
運勢=>서로 의사가 통하지 않는다. 다툼이 없도록 최선을 다하라.
事業=>손발이 맞지 않으니 파손 사고에 조심하라.
去來=>분쟁으로 상해를 입기 쉽고 다툼으로 끝난다.
金錢=>지출만 많고 생각대로 되지 않는다.
結婚=>성사되지 않는다.
健康=>정신력으로 극복하라.
移徙=>절대 하지 말라 좋지 않다.
家出=>동방 동북방.
所願=>달성 되지 않는다.
就職=>시간제로 고비를 넘겨라.
入學=>생각 보다 월등히 낮추라.

63 ☵ ☲ 수화기제(水火旣濟)

卦象=>모두 이루었다 현상유지를 잘하면 된다.
運勢=>대사업은 삼가고 현재 충실 하라. 처음처럼 영속이 없다.
事業=>분열되지 않도록 항상 조심하라.
去來=>처음은 순조롭다. 나중은 실패한다.
金錢=>안정된 상태, 적은 돈은 들어온다.
結婚=>서로 존중 존경하지 않으면 유종의 미를 거둘수 없다.
健康=>주색을 금하라.
移徙=>그대로가 좋다.
家出=>북방 남방.
所願=>일시적인 것은 이루리라.
就職=>오래되지 않아 운이 트이리라.
入學=>윗사람의 권고에 따르라.

36 ☲ ☵ 화수미제(火水未濟)

卦象=>번영 형통 노력으로 성사된다.
運勢=>노력하면 열릴 것이다. 내부의 약점에 주의하라.
事業=>기반을 굳건히 하라. 돈은 있어도 자본이 사장되어 있다.
去來=>타협을 피하고 있으니 도중에 중단해선 안 된다.
金錢=>궁색 하지 않게 돌고 있다.
結婚=>처음은 힘들어하나 나중은 성사된다.
健康=>고열 조심 .
移徙=>서두르지 말라 기회가 온다,
家出=>남방 북방.
所願=>대기만성이다.
就職=>주위를 확립 시켜라 호전 될 것이다.
入學=>다음을 약속하라.

종요

제2장 성명학(姓名學)

◎ 제2장 성명학논리(姓名學論理)
운명학과 성명학의 논리 운명학(運命學)과 성명학(姓名學의
논리(論理)입니다.

1) 운명(運命)이란?

인간(人間)을 지배(支配)하는 필연적(必然的)이고 초원적(超越
的)인 힘을 말한다. 인간(人間)은 태여 날 때 선천적(先天的)
운명(運命)이 있고 후천적(後天的)으로 갖게 되는 성명(姓名)
이 있으니 성명(姓名)과 운명(運命)은 육체(肉體)와 영혼(靈
魂)처럼 불가분(不可分)의 관계(關係로 존재(存在)한다.

2) 운명학運命學의 意義)

천지만물(天地萬物)은 우주(宇宙) 대생명역(大生命力) 즉 창조
력(創造力)의 근원(根源)인 음양오행(陰陽五行)인 木 火 土 金
水와 수(數)등의 작용(作用)으로 전개되는 것이다.

무릇 한 생명적(生命的) 인간(人間)의 개체는 우주 생성 원리
에 의하여. 선천적(先天的)으로 우주 대생명(大生命)의 분화적
(分化的)작용에 의하여 하늘의 성품(性稟) 즉 천기(天氣)를 받

아서 태어나는 것이다.

人間은 소우주의 형상이므로 우주(宇宙)의 원리(原理)를 인간에 적응하여 구명(究明)하는 것이 운명학(運命學)이다.

3) 선천명(先天命)이란?

한 인간(人間)의 생명(生命)이 선천적(先天的)으로 받아 나는 정기(精氣)속에는 음양오행(陰陽五行)인 木. 火. 土. 金. 水. 氣의 유기(流氣)가 있으니 이 수기(受氣)가 생년월일시(生年月日時)를 기점(基點)으로 해서 그 운명적(運命的) 기국(器局)이 정해지는 것이다. 이것이 선천명(先天命)으로 사주팔자(四柱八字) 또는 정명(定命) 정국(定局)이라 한다.

4) 운명학(運命學)이란?

추명학(推命學) 선천적(先天的)으로 수기(受氣)한 陰. 陽. 五行的 氣의 강약(强弱) 상생(相生) 상극(相剋) 다과(多寡) 등의 조화(調和) 여하를 탐색(探索)하여 그 정명(定命) 정국적(定局的)인 팔자(八字)와 운명(運命)의 길흉(吉凶) 관계를 탐구(探究)하고 이를 미연에 선도(善導) 하려는 것이 학술(學術)의 목적(目的)이다.

이와 같이 人間이 선천적(先天的)으로 정기를 받아서 나는 것은 부모를 통하여 우주 대 생명(生命)의 일부를 이어 받은 유전생명(遺傳生命)이며 태어날 때 수기(受氣)되는 음양오행기

(陰陽五行氣)의 조화 여하에 따라 대인(大人) 중인(中人) 소인(小人)의 인물적(人物的) 운명(運命)이 좌우 됩니다.

즉(則) 대국자(大局者)는 대인물격(大人物格) 중소국자(中小局者)는 중소물격(中小人物格)이 되는 것이며 대기국자(大器局者)는 성현(聖賢) 호걸(豪傑) 대부(大富) 군왕(郡王) 덕인(德人)과 같은 인물(人物)이 되는 것이다.

◎ 인물(人物)을 등급(等級)으로 살펴보자.

* 상급인(上級人)=>신인(神人) 신인(眞人) 도인(道人) 지인(至人)성인(聖人) 신령스럽고 지혜로워 밝게 비치기를 신과 같다.
* 차상급인(次上級人)=> 덕인(德人) 선인(善人) 현인(賢人) 충인(忠人) 변인(辯人) 지혜로워 착하고 악한 것을 살펴서 신의가 모범이 된다.

* 중급인(中級人)=>인인(仁人) 예인(禮人) 신인(信人) 의인(義人) 지인(智人) 성실하고 청렴하고 통달해서 궁해도 지조를 바꾸지 않는다.

* 차중급인(次中級人)=>사인(仕人) 서인(庶人) 농인(農人) 상인(商人) 공인(工人)관직에 오르지 않고 일반에 머문다.

* 하급인(下級人)=>중인(衆人) 소인(小人) 노인(駑人) 우인(愚人) 육인(肉人)콩과 보리를 분별 못하고 재물만 탐낸다.

또한 선천운(先天命)이 후천적(後天的)으로 운행(運行)되는 운로(運路)가 조성造成)되니 운수(運數)라고 하는 운(運)이 있게 되는데 우주(宇宙)에는 정기적(精氣的)으로 음양오행기(陰陽五行氣)가 충만(充滿)하여 항상 어느 곳이나 간섭(干涉)치 않은 곳이 없으며 명(命)하지 않는 곳이 없는데 이 기운(氣運)의 오기(五氣)가 후천적(後天的)으로 선천명(先天命(의 후기(受氣)와 연관 작용을 하고 있으며 이 기운중(氣運中) 오기(五氣)의 조화(調和)여하에 따르는 인과(因果)가 여기에서 말하는 운명(運命)의 운(運)인 것이다.

그리하여 선천명(先天命)과 운(運)을 통틀어서 운명(運命)이라고 한다. 해서 선천적(先天的) 수기운(數氣運)인 정명(定命)과 후천적(後天的)으로 운행(運行)되는 대운법(大運法)과 세운법(歲運法)이 잘 배합조화(配合調和) 작용에 따라 운기(運氣)가 좌우 되며 성공과 실패가 決定 되는 것이다.

◎ 성명학(姓名學)이란?

성명학(姓名學)은 우주(宇宙)의 고등수리(高等數理)와 음양오행(陰陽五行)의 원리(原理)를 기초(基礎)로한 동양철학(東洋哲學)이요. 과학적(科學的) 체험 통계를 포함한 것이며 영과학(靈科學)의 일부를 내포한 형이상학적(形而上學的이라 할 수 있으며 최고(最高)의 학문(學文)인 것이다.

◎ 유도력(誘導力)의 작용(作用)

유도력은 글자 그대로 유도력(誘導力)로 일정한 방향으로 꾀어 이끈 다는 뜻인데 성명(姓名)의 유도력(誘導力)은 선천적(後天的)으로 가공(加工) 인수(引受)되는 후존적수기(後存的受氣)로서 성성운화(造成運化)되는 작용력이다.

◎ 예를 들어 유도력(誘導力)의 작용을 자동차에 비유(比喩)해 보자.
1) 사주팔자=> 자동차로 보고
2) 기국형태=> 자동차의종류.
3) 대운세운=> 자동자의 길.
4) 유도력 => 자동차를 운전.

작명(作名)을 함에 있어 운전을 얼마큼 잘하느냐 못하느냐 숙달이 잘 되었느냐 서투르냐에 따라서 가는 목적지 까지 순탄하게 도착할 수도 있고 도착 하지 못하고 물러 설수도 있는 것이니 사주 원국을 정확하게 인지하여 작명 할 것이다.

◎ 성명(姓名) 유도력(誘導力)의 원리(原理)

작명학(作名學)에는 이종류(貳種類)가 있다.
1) 량명(良名)=>좋은 이름은 운(運)을 좋게 유도(誘導)한다.
2) 흉명(凶名)=>나쁜 이름은 運을 나쁘게 유도(誘導)한다.

◎ 유도력(誘導力)

인간(人間)과 정신(精神)과 육체(肉體)를 이어주는 힘이 있는 데 즉 영적생명력(靈的生命力)이 있음으로 해서 生存할수 있는 것이다. 이 生命力은 精神과 육체적(肉體的) 활동(活動)의 중간에서 중계작용(中繼作用)을 하고 있는데 선천명(先天命)의 수기(受氣)는 잠재적(潛在的)으로 육체를 통하여 생명력(生命力)에 이어져 정신(精神)에 도달하고 다시 정신(精神)은 육체(肉體)에 명(命)하여 움직이게 됨으로서 운기(運氣)가 조성(造成)되는 것이나.

성명(姓名)은 인간(人間)의 령(靈)의 숙소(宿所)로서 후존적(後存的)인 성명(姓名)의 수기(受氣)는 호명(呼名)하면 그 개성(個性)의 정신(精神)에 충격(衝激)을 가하고 그 정신에 의하여 발생(發生)하는 생명력(生命力)은 이어 육체(肉體)에 충격(衝激)을 주며 다시 육체적(肉體的) 에너지(energy)는 생명(生命)을 통해 정신(精神)에 도달(到達)하게 되어 활동(活動)이 성사(成事)됨으로서 운기(運氣)가 조성(造成)되는 것이다.

그러므로 자연법리(自然法理)는 음양(陰陽)의 결합으로 해서 발생(發生)하되 음양(陰陽)의 결합(結合)에서 제일 먼저 나타나는 것이 은(音)소리이니 음이 리듬이 되고 리듬이 중복되어 성(聲) 들리는 소리로 되며 성음(聲音)이 수(數)자로 나타나고 음수(音數)는 다시 색(色)으로 나타나는 동시에 체(體)가 형성(形成)되고 체(體)가 형성(形成)되면 활동(活動)하기 시작 하는 것이다.

*陰＋陽=>音=>리듬=>성(聲)=>수(數)=>색(色)=>체(體)=>활동(活動) 그러므로 량명(良命)좋은 이름 운(運)을 좋게 유도하고 흥명(凶命)나쁜 이름은 나쁘게 유도하여 나도 모르는 사이에 안 좋은 일 나쁜 일들이 발생하는 것이다 해서 좋은 이름으로 유도하여 나도 모르는 사이에 기쁘고 좋은 일만 많이 일어 날수 있도록 하는 것이 양명을 짓는 목적(目的)이다.

◎ 성명(姓名)의 령동(靈動)작용

우주(宇宙)의 모든 현상은 수(數)와 으양오행(陰陽五行)의 힘으로 조성되며 지구(地球)의 자전(自轉)과 공전(公轉)으로 돌고 도는 우주(宇宙)에서 영동성(靈動性)과 파장(波長)으로서 사물이 구분 판단되며 조정(調整)할수 있는 고유(固有)한 특성(特性)을 보유(保有)하고 있는 것이다. 그러므로 량명(良名)은 그 운력(運力)을 량도(良導)할 것이요. 융명(凶名)은 흉한 작용이 발휘(發揮)되어 흉한 길로 인도 되는 것이다.

◎ 성명운(姓名運)의 변화(變化)와 작용

자 그러면 좋은 이름만 가지면 고관대작(高官大爵)이나 큰 부자가 될까하고 묻는다면 그것은 어리석은 질문일 것이다. 랭복(幸福)이란? 전(錢) 돈과 권력(權力)이 전부(全部)가 아니기 때문이다.

돈이 있으면 물론 살아가는데 편리하긴 하다 하지만 제아무리 고관대작(高官大爵)이나 큰 부자라 할지라도 그 환경에 파란곡절이 많으면 불행(不行)이요.

풍족(豊足)하지는 못하더라도 그 환경(環境)이 단란하고 근심과 걱정이 없으면 그것이 곳 행복(幸福)이라 하겠습니다. 姓名의 유도력(誘導力)은 그 개성(個性)의 선천명(先天命) 사주팔자의 정해진 범위 내에서 소장(消長) 쇠하여 사라 짐과 성하여 자라남의 운화 작용을 하는 것이다.

따라서 선천명(先天命)이 양호 할지라도 성명(姓名)이 흉할 때는 그 삶의 지장을 초래하여 그 운도력(運導力) 각도에 상응한 흉운(凶運)을 당하는 것이요. 선천명(先天命)이 약간 흉(凶) 하더라도 성명(姓名_의 유도력(誘導力) 양호(良好)하면 비교적 호운(好運)을 맞게 되는 것이다.

간혹 개명(改名)한 결과 일약 부자가 되는 예도 왕왕 있으나 이는 역시 본인의 선천명 운의 거대한 재물 운이 있기는 하나 姓名의 유도력(誘導力) 이 막혀 있는 경우 인데 그 개명(改名)의 유도력(誘導力으로서 막힌 것을 제거한 까닭이다. 그러므로 이름을 택할 때는 그 선천운(先天命) 運의 본질에서 벗어나지 않는 범위 내에서 最善을 다하여 조정 유도 하여야 하고 先天命 運이 弱한데 가장 强한 誘導力을 사용하면 도리어 억압(抑壓)당하여 감당 하지 못해 힘을 못 쓰는 경우도 있으니까 四柱를 잘보고 주의를 게을리 해서는 안 될 것이다.

천불생무록지인(天不生無祿之人) 하늘은 록 없는 사람은 생하지 아니하고 지불장무명지초(地不長無名之草) 땅은 이름 없는 풀을 기르지 않는다.

◎ 신체적(身體的)가정적(家庭的) 환경(環境)에 미치는 영량(營養)이란?

복잡(複雜)한 오늘 날의 사회적완경(社會的環境)으로 볼 때 매일 같이 일어나는 교통(交通)사고 가정불화(家庭不和) 자살(自殺(변사 참사 범죄 부부생사 이별 무자녀 고민 등의 여러 사건을 대조 감정해 보면 흉명(凶名)의 반영이 대부분임이 실증 적인 통계로 나와 있다. 이것만 보더라도 성명(姓名)의 작용이 인간(人間)의 운로(運路)에 미치는 지대한 영향력을 알 수 있다.

또한 위생학적(衛生學的)으로 보아도 인체건강(人體健康)에 파급(波及)되는 성명(姓名)에 암시의 령동력(靈動力)은 실로 강한 것임을 알 수 있다. 즉(則) 인체의 미치는 각종 질환이나 불구와 단명(短命)등도 성명학(姓名學)상으로 감정(感情해 보면 알 수 있으니 흉명(凶名)의 영향력이 어느 정도인지 짐작 할 수 있을 것이다. 또한 흉명(凶名)을 영량(良名)으로 바꾸면 그 본체영성(本體靈性)의 방향전환(方向轉換)에 따라 어느 한도 내에서 육체(肉體)의 질환(疾患)이 호전(好轉) 될 수 있다. 그것은 본래(本來) 육체(肉體)는 인간영성(人間靈性)에 존속(存續)된 물질적(物質的) 육상(肉相)이니 인간(人間) 령성 靈性)이 유숙(留宿)하고 있는 본인(本人)의 생명력(生命力)의 율동자체(律動自體)인 성명(姓名)을 변경(變更)하무로서 영성 靈性)의 전환(轉換)이 곧 물질적(物質的)인 육체(肉體)에 그 영향(影響)을 미치기 때문에 가능한 것이다.

이를 과학적(科學的)인 견지(見地)에서 논한다면 우주(宇宙)의 태양계太陽界)는 하나의 양(陽)을 중심으로 하여 팔음(八陰) 목성(木星) 화성(火星) 토성(土星) 금성(金星) 수성(水星) 지구 (地球) 해왕성(海王星) 명왕성(冥王星)이 질서 정연하게 일정 한 쾌도를 조금도 차질 없이 구형(球形)으로 선회(旋回)하고 있으며 인간(人間)의 세포(細胞)는 남자(男子)는 일개(一個)의

양전자(陽電子) "positron"를 중심(中心)으로 47개의 음전자 (陰電子) "negative electron"가 급속도로 선회하고 있으며 여성(女性)의 세포(細胞)전자 형성은 하나의 양전자에 대하여 48개의 음전자(陰電子)가 선회(旋回)하고 있다. 또는 하나의 양전자(陽電子)를 중심으로 2개의 음전자(陰電子)가 주위를 돌고 있는 것이 수소(水素) "hydrogen"다.

금(金) "gold)" 79개의 음전자(陰電子)가 선회(旋回)하고 수은 (水銀) "mercury"은 80개. 라튬 "rathium"은 88개 원자탄에 사용하는 우라늄 "uranium"은 92개의 음전자가 급속도로 선 회 하는데 그 중심 즉 양햇(陽核) "nucleus"은 238개의

陽電子양전자)와 146개의 음전자(陰電子)로서 견고한 핵(核)을 형성하고 있다. 따라서 모든 만물(萬物)은 무엇이나 양전자(陽電子)를 중심으로 하여 회전하는 움전자수(陰電子數)의 다과(多寡) 많고 적음에 의하여 원자(原子)"chemical atoms"의 분열도(分裂度)와 수면(壽命)과 형태(形態) 생태(生態) 성능(性能) 등이 서로 다르다.

이와 같이 우주(宇宙)의 모든 만상(萬物)과 형상(形像)은 무엇이나 음양(陰陽)과 체(體)로 양자의 수리결합(數理結合)의 원칙(原則)에 기준(基準)하여 생성 변화 한다.

이 같은 이치로서 성명(姓名)의 수리(數理)와 음양오행(陰陽五行)의 작용(作用)과 호명(呼名)이름을 부를 시에 성음(聲音)의 령음파동(靈音波動)이 인간(人間) 생명율(生命律)의 영향을 미치는 강약(强弱) 청탁(淸濁) 고저(高低)의 성능(性能) 진동으로서.

정신(精神)에너지"energy"와 연계되고 그 작용이 영(靈)과 육체(肉體)에 파급(波及)되기 때문에 병(病)에 대한 변동(變動)을 일으켜 병(病)에 대한 치료(治療)가 가능한 것이다.

◎ 수(數)의 원리(原理)

수(數)는 우주근본(宇宙根本)에서 시작한 우추만상(宇宙萬象)의 대원인(大原因)이다. 즉 우주(宇宙) 대생명(大生命) 그 자체(自體)가 수적요소(數的要素)가 되는 것이다. 다시 말해서 대생명(大生命)에는 물질(物質)괴 심(心)마음이라는 두 가지 질(質)이 내포 되어 있다.

대생명(大生命)은 그 조재(存在)가 무시무종(無始無終)이무로 원(0)의 리치(理致)와 동일하다. 그러므로 원(0)은 영(零)인데 0은 곧 무형(無形)의 대생명력(大生命力)의 존재다. 그러므로 대생명((大生命)은 0=>영(零)이고 0=>은 령(靈)인 동시에 他타존(尊)을 불허(不許)하는 자존유일(自存唯一)이다.

즉(則) 대생명(大生命)은 물심일원(物心一元)의 본원(本原)이며 우주(宇宙)의 근원(根源)이 되는 우주창조(宇宙創造)의 신(神)이다. 따라서 우주(宇宙) 대생명력(大生命力)인 령(靈)은 령(零)인 동시에 하나가 되는 수(數)의 요소(要素)가 된다.

이것을 물질과학(物質科學)면에서 논(論)하여 보면 어떤 생물(生物)과 과학적(科學的)으로 분석(分析)하면 원자(原子) 전자(電子) 양자(陽子) 음자(陰子)등으로 분석分析)하다보면 결국에는 물량이 무(無) 즉 령(零)이 된다. 그런고로 물질(物質)은 물질과학(物質科學)면에서 볼 때 유근(有限)이 되는 것이다. 그러나 우주(宇宙)의 근원(根源)은 대생명력(大生命力)인 령(靈)으로서 만유(萬有)가 물질(物質)로만 이루어진 것이 아니기 때문에 물질(物質)의 유근(有限) 즉(則) 0(영)이상은 물질과학(物質科學)으로는 분석(分析)할수 없는 것이요 령과학(靈科學)으로서 많이 풀수 있는 것이다. 이렇게 볼 때 대생명적령(大生命的靈)은 0(영)의 분화체(分化體)는 무한소요(無限小要) 대생명(大生命)의 전체로 볼 때는 무한대(無限大)라는 數수량적(量的) 법칙(法則)이 성립(成立)된다. 고로 수(數)도 무한(無限)이 되는 것이다.

수학법(數學法)에도 역시 소수법(小數法) "예" 0. 1. 0.001. 0.0001 등으로 무한(無限) 소수(小數)가 나오게고 0(영)에서 그이상의 정수로서 무한대수(無限大數) "예" 1~00000가 나오게 된다. 따라서 수(數)는 우주실상(宇宙實像)의 근원(根源)되는 대생명령력(大生命力) 령(靈)의 무한대(無限大) 무한소(無限小)의 양적 법칙에서 기원(起源)하는 것이다. 성명학(姓名學)의 획수(劃數)는 그 문자(文字)의 함축 되어 있는 수의(數意)로 산출(算出)하며 원획수(元劃數)를 산출(算出)함을 원칙(原則)으로 한다.

◎ 한자(漢字)의 유래(由來)

원래(原來) 한자(漢字)는 중국(中國)에서 완성(完成)된 것으로서 일찍이 지금부터 약 4.500년 전의 황제시대(黃帝時代)에
1) 지사(指事)
2) 상형(象形)
3) 회의(會意)
4) 形聲(形聲)
5) 전주(轉注)
6가차)(假借)의
육의법칙(六義法則)에 준하여 완성(完成)되었다.

실로 육의(六義)의 법칙(法則)은 움직일 수 없을 만큼 논리정연하여 그 구성(構成)은 불변(不變)의 천지법칙(天地法則)에 준거(準據)하여 일점일획의 오류(誤謬)도 없고 현대과학(現代科學)의 지식(知識)으로도 따를 수 없는 완전(完全)함을 구비하고 있다.

◎ 육의(六義)란?

1) 지사(指事)=>사물(事物)의 위치(位置) 또는 수량(數量)을 가리킴(上. 下. 一. 二)

2) 형상(象形)=>어떤 물건의 모양을 본뜸 상형문자(象形文字)
3) 회의(會意)=(>한자(漢字) 구성법(構成法)의 명칭(名稱)한자와 다른 한자를 합쳐서 만 든 "예"

1. 亻+ 言 => 信(신) 2. 日+月=>명(明)

4) 형성(形聲)=>글자의 반은 뜻. 반은 음을 나타냄.목(木)+ 주(主)=>柱(기둥 주)

5) 전주(轉注)=>글자의 뜻이 바뀌어 딴 뜻으로 바뀜 악(惡)악할 악. 미울 오.

6) 가차(假借)=>뜻은 다르나 음이 같은 다른 글자를 빌려 쓴.령(令)이다.

◎ 한문경서(漢文經書)의 종류(種類)

* 삼경(三經)은
1. 시경(詩經)=>주나라 초부터 춘추시대까지 시(詩)311편이 수록(收錄)되었다.
2. 석경(書經)=>요순 때부터 주나라 때까지의 정사에 관한 문서를 수집 편찬한 책. 공자(孔子)
3. 주역(周易)=>천문지리 인사 물상을 음. 양. 변화의 원리에 따라 해명한 유교 경전 역경(易經)

* 사서(四書)
1. 논어(論語=>공자와 그의 제자들의 말과 행동을 기록함.
2. 맹자(孟子)
3. 중용(中庸)
4. 대학(大學)

* 오경(五經)

1. 시경(詩經)
2. 서경(書經)
3. 주역(周易)
4. 예기(禮記)
5. 춘추(春秋)=>노나라의 은공에서 애공 까지는 12대 242년 간의 사적을 편년체(編年體)로 기록한 책.

◎ 서법(書法)의 오체(五體)

해서(楷書)=>예서에서 발달한 글자 모양이 가장 반듯하다.
전서(篆書)=>전자체의 글씨는 진나라 이사(李斯)의 체이다.
예서(隸書)=>중국 감옥에서 주로 쓰던 글씨 이다.
행서(行書)=>전서와 예서를 약간 흘려 쓴 글씨이다.
초서(草書)=>전서와 예서를 간략하게 한 것으로 흔히 행서를 더 풀어 점획을 흘려 쓴 글씨입니다.

◎ 干支의 수리(數理)

天干과 地支에는 다음과 같은 수리적(數理的)으로 선천수(先天 數)와 후천수(後天數)가있다.

◆ 天干의 先天數와 後天數의 早見表

天 干	甲	乙	丙	丁	戊	己	庚	辛	壬	癸
先天數	九	八	七	六	五	九	八	七	六	五
後天數	三	八	七	二	五	百	九	四	一	六

◆ 地支의 先天數와 後天數의 早見表

地 支	子	丑	寅	卯	辰	巳	午	未	申	酉	戌	亥
先天數	九	八	七	六	五	四	九	八	七	六	五	四
後天數	一	十	三	八	五	二	七	十	九	四	五	六

위의 조견표(早見表) 천간(天干)의 후천수(後天數)는 용마하도 (龍馬河圖)에서 나온 수자이다. 용마하도(龍馬河圖)는 지금부터 약 6.000년 전 태호(太昊) 복희씨(伏羲氏) 때에 나온 말입니다. 중국 황하강(黃河江)에서 나온 용(龍)과 갖이 생긴 말의 등에서 무슨 점선이 있었다.

이것은 천기(天機)의 비밀부호(秘密符號)인데 복희씨(伏羲氏)는 이를 보고 역경(易經)의 괘(卦)를 지어 우주만물(宇宙萬物)의 생성원리(生成原理를 논한 것이다.

◼ 용마하도(龍馬河圖)

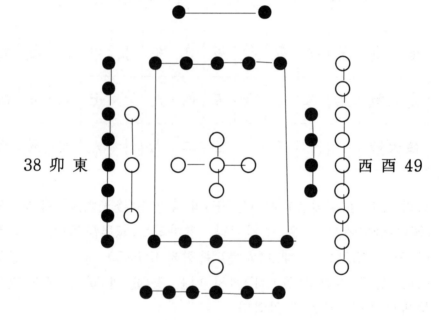

27
午

南

38 卯 東

西 酉 49

北
子
16

◉ 수(數)로 나타난 (락서)洛書

巽	離	坤
四	九	二
三	五	七
八	一	六
艮	坎	乾

(종으로 횡으로 15의 수를 가리킨다)

1). 기본수리해설(基本數理解說)

수(數)의 기본(基本) 정수(整數)는 1~9까지이며 10은 령수(零數)로 된다. 따라서 몇 천 몇 억의 큰 수라도 기본 정수의 연장된 대연수(大衍數) 에 불과하다. (예) 331 이라고 하면 3의 대연 수 30.3의 연장 수해서 331은 3과1의 기본수에서 연수(衍數)로 된 것이다. 역리학(易理學)을 비롯한 운명학(運命學)은 수(數)를 기초(基礎)로 하고 있다.

역학(易學의 근본(根本)은 하도락서(河圖洛書)인데 역시 1~9까지의 수(數)이며 본 성명학(姓名學)에 응용되는 81수도 이 기본수인 9수의 자승수인 즉 9x9=81수로 되어 있고 우주만유 일체는 이 81수의 논리 속에 포함되어 있는 것이다.

이락서(洛書는 하우(夏禹) 시대에 우왕(禹王)이 지명(洛數)에
서 포획한 신구(神龜)의 거북 등위에 배열(排列)되어 있는 점
선의 수(數)에서 비롯된 것이다.
따라서 이것을 락서(洛書)라 한다.

음수(陰數) => 2. 4. 6. 8. 0. 이고
양수(陽數) => 1. 3. 5. 7. 9. 이다.

하우(夏禹)시대의 우왕(禹王)으로부터 약 일천년 후에 주(周)
문왕(文王)이 락서(洛書)를 기초(基礎)로 하여 오행법칙(五行
法則)을 만든 것이 역학(易學)이며 그것이 오늘날에는 주역
(周易)이라는 이름으로 불리고 있다.

▣ 신구락서도(神龜洛書圖)

午
27

南

卯　38東

西49　酉

北

16
子

◆ 운명의 복합적요소(運命의複合的要素)

先天運		後天運		運命의 複合的 要素			
四柱	30%	성명	30%	T	생년월일	B	신체적특성
관상	10%	노력	20%	P	출생지. 공간	D	오운육기.체질
음성	10%			C	무모의환경	S	음.양. 택.
				N	성명.	X	이외변수.인연.
합=> 50%		합=> 50%		A=> T. P. C. N. B. D. S. X.			

◎ 고대(古代)에는 삼역(三易)이 있었다.

1) 연산역(連山易)=>連山氏는 신농씨(神農氏)의 별칭(別稱으
로서 신농씨(神農氏) 시대(時代)의 역(易)으로 본다.

2) 귀장역(歸藏易)=>귀장씨(歸藏氏)는 황제씨(黃帝氏)의 별칭
(別稱)으로서 黃帝時代의 易으로 본다.

3) 주역(周易) =>주(周)나라 문왕(文王)때에 역(易)으로 본다.
* 주역(周易)이란=>주(周)나라 때 역학(易學)이 제일 대성하
여 주역(周易)이 되었다고 합니다.

◎ 성씨(姓氏)의 유래(由來)

성씨(姓氏)는 중국에서 처음 유래 되었는데 처음에는 산(山)이나 강(江)의 이름으로 성(姓)을 대신하였다.

신농씨(神農氏)의 어머니께서 강수(姜水)에서 사시었다고 해서 강씨(姜氏)라고 했다.

황제씨(黃帝氏)의 어머니께서 희수(姬水)에 사시었다고 해서 희씨(姬氏)가 되었다.

순(舜) 임금의 어머니께서 요허(姚虛)에서 사시었다 하여 요씨(姚氏)가 되었다고 한다.

◎ 오해(五行)과 상생상극(相生相剋)

오행(五行)의 상생관계(相生關係)를 설명(說明)한 것이 용마화도(龍馬河圖)입니다.

오행(五行)의 상극관계(相剋關係)를 설명(說明)한 것이 신구락서(神龜洛書)입니다.

우주만물(宇宙萬物)의 원리(原理)를 설명(說明)할 수 있는 龍용마하도(馬河圖)와 신구락서(神龜洛書)를 줄여서 도서(圖書)라 한다. 또한 모든 책을 총칭하여 도서(圖書)라 하는 것이다.

◎ 태극(太極)과 사상(四象)

대생명(大生命)은 0인 동시에 1의 질(質)이 되고
태극(太極)은 1인 동시에 2가되며 4가 되는 원리(原理)로서
무형(無形)에서 유형(有形)으로 만상(萬象)이 이루어지는 유형(有形)의 량적(量的) 전체 조건이 되는 것이다.

따라서 유형(有形)의 만유(萬有)는 수적(數的) 현형(現形)인 것이다.
이 리치(理致)는 태극(太極)은 무극(無極)이요 또한 태극(太極)은 1이요. 또 태극(太極)은 1陽 1陰인데 무형(無形)의 수(數)로 1에서 2가 나오게 괴는 것이다.

일양(一陽(이 노양(老陽)과 소음(少陰)이 되고
일음(一陰)이 노음(老陰)과 소양少陽)이 되며
사상(四象)이 팔괘(八卦)가되며 또한 사상(四象이 오행(五行)이 되며 오행(五行)이 생물(生物) 생만물(生萬物)이 된다.

이렇게 하여 무형(無形)에서 유형(有形)으로 나타나며 이어서 수적(數的)으로 만유(萬有)가 형성 되는 것이다. 그런고로 수(數) 센 수는 우주(宇宙) 대원령(大元靈)에서 나오게 된 것이요. 우주(宇宙)의 본실상(本實相) 실재(實在)가 수(數)인 것이다. 따라서 수(數)는 천리천칙(千里天則)이요. 이 법칙(法則)은 누구라도 고칠 수 없는 만고불변(萬古不變)의 철칙(鐵則)인 것이다. 태극(太極)과 사상(四象을 태극도(太極圖)로 살펴본다.

▣ 선천태극팔괘도(先天八卦圖)

乾　兌　離　震　巽　坎　艮　坤

■ 후천팔괘도(後天八卦圖)

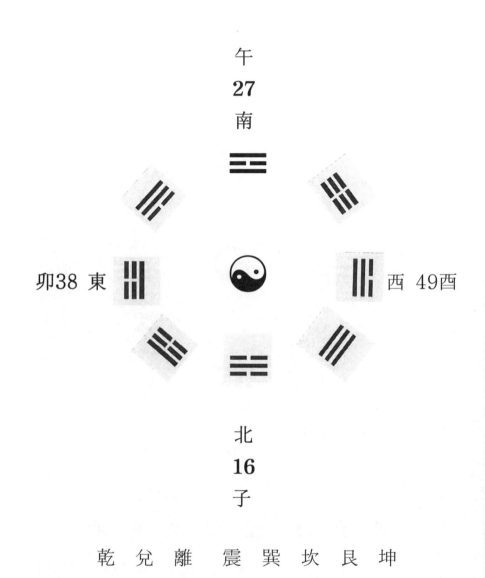

午
27
南

卯38 東

西 49酉

北
16
子

乾 兌 離 震 巽 坎 艮 坤

◎ 수(數)의 (意義

81수(數)에는 각각 변치 않는 일정한 령동작용력(靈動作用力)이 있다. 즉 각수(數)에는 고유(固有)한 뜻이 함유 되어 있다. 각 수(數)에는 어떠한 뜻이 담겨 있는지 살펴보자.

(1) 일이라고 하는 일수는 만사의 기본이요 일체의 시초이고 영구불변 이며 절대 부동인 기본수이다. 따라서 이 1수는 시초격(始初格)이요. 두수(頭首)가 되며 집중(集增) 등의 뜻이 보유(保有)되어 있다.
고로 두령(頭領) 발전(發展) 명예(名譽) 부귀(富貴) 등의 암시 유도 력의 힘이 생기게 된다.

(2) 이수(二數)는 1과1의 합수요 陽. 陽.이 집합(集合)된 數로서 화합력 이 결여되어 있으니 분리(分離)하기 쉬운 數이다. 따라서 불완전(不完全) 분산(分散)불구(不具)등의 유도력 이 생기게 된다.

(3) 삼소(三數)는 1陽 2陰의 합한 확정 수로서 일체의 화합의 뜻을 보유하고 있으므로 자연적으로 권세(權威) 부귀(富貴) 지혜(智慧) 신생(新生)등의 영력(靈力)을 발휘 한다.

(4) 사수(四數는 2와 2의 음(陰)의 합수(合數) 또는 1과 3의 양(陽)의 합수(合數)로서 화합치 못하는 수이니 분리(分離) 분산(分散) 파멸破滅)등의 흉조를 발휘하여 파괴(破壞) 괴멸(壞滅)의 상이 되고 인고(困苦) 병란(兵亂) 조난(遭難) 등의 역경적

흉조의 암시력이 발작한다. 4는 사라는 발음으로 사(死)죽을 사 사(邪)간사할 사 된 것을 연상하게 되며 이것이 본래 사수(四數) 고유의 진동(震動) 파장(波長)으로서 흉조를 암시 발생하기 때문이다.

(5) 오수(五數)는 삼양(三陽) 이음(二陰)의 화합력이 합성된 수(數)로 중심에 위치하여 상하좌우(上下左右)를 통솔(統率)하는 수이기 때문에 그 암시 역은 응당히 만물(萬物)을 능이 생성(生成)할 수 있는 것으로 번영(繁榮) 존귀(尊貴) 덕만(德望) 대업(大業) 성취成就)등의 길상력(吉祥力)이 발현되는 중심수이다.

(6) 육수(六數를 보면 1에서 10까지의 이르는 수가 개개의 음양(陰陽)은 물론 1. 3. 5. 7. 9.가 양수(陽數)요. 2. 4. 6. 8. 10.이 음수(陰數)인데 이 양중(陽中)에도 음기(陰氣)를 포함하고 음중(陰中)에도 양기(陽氣가 포함되어 있는 것이 우주진화(宇宙進化)의 진리(眞理)이다. 따라서 1~10까지를 음양(陰陽)으로 대분(大分)하게되면 1~5가 양(陽)이요 6~10이 음(陰)에 속하게 되는데 일괄하면 5는 1~10가운데의 양극(陽極)이요. 6은 음(陰)의 시초(始初)가 된다.

그러므로 6은 계승(階乘) 음덕(蔭德) 시태(始苔)의 상이요. 온화(溫和) 두수(頭首)의 의미를 함유 하게 된다. 그러나 또한 3과3이나 2와 4.혹은 1과 5로 그 합수가 모두 음양(陰陽)화합의 조화를 이루고 있다. 따라서 분산. 파괴의 흉조도 함유하게 된다. 고로 6이나16까지는 길조의 암시력이 있으나 26. 36.등의 이상數로 되면 변란. 파괴. 등 극단적인 조화를 부리는 유도력이 발생한다.

(7) 칠수(七數)는 5의 성수(盛數)와 성운(盛運)과 2의 파괴운(破壞運)이 합한 수 또는 3의 성운(盛運)과 4의 흉운(凶運)이 합한 수인 관계로 내면에는 吉과 凶이 두 극단(極端)의 영력으로 상호 제 극 또는 화성 되는 결과로 자연히 완강하게 강한 암 시력이 생기며 강력한 전진(前進) 불굴(不屈)의 기력이 발생한다. 그러나 서양에서는 길상(吉祥)의 수(數)이다.

(8) 팔수(八數)는 파괴수인 4의 중복수인 동시에 5와 3의 통솔지덕(統率智德) 이합한수로 이 역시 각종의 영력을 작용하되 자취발전지상(自取發展之象)으로 노력(努力) 용진(勇進)의 암시력이 발생한다.

(9) 구수(九數)는 양(陽)수의 마지막이요 또는 기본수(基本數)의 궁말수(窮極水) 인고로 지력(智力)과 활동력은 강하나 數의 종말의 뜻으로 궁박을 당하게 된다는 대재무용격(大材無用格)으로 고독. 불우하고 도로무공徒勞無功으로 귀결된다.

(10) 십수(十數)는 종결(終結)을 고하는 수로서 음(陰)의 최극이요. 령(零)의 위치에 있는 수로 그 의의(意義)가 고허무한지상(空虛無限之象)이라. 각수 중 가장 꺼리는 흉조의 암시력이 발생하는 것이다. 그러나 수리(數理)의 순환(循環)은 우주(宇宙)의 법칙(法則)으로서 공허. 파멸. 종

결은 다시 태생(胎生)의 시초(始初)로 이 령위(靈位)의 10수가 서로 거듭될 경우에는 의외의 전향으로 대발전이 드물게 있는 이치로 되는 것이다. 서양에서는 이 10數를 가장 꺼리는 수(數)이다.

* 위와 같이 기본수만 살펴보아도 각 數에는 고유하고도 영묘한의미를 내포하고 있음을 알 수 있다.
* 姓名을 작성할 때 각별히 유념 하여 살피기 바란다.

1) 자획법(字劃法)

성명(姓名)을 작성(作成)할 때 수자(數字)의 수(數)인 1.에서 10까지는 획(劃)으로 본다.

一이면 => 1획

二이면 => 2획

三이면 => 3획

四이면 => 4획

五이면 => 5획

六이면 => 6획

七이면 => 7획

八이면 => 8획

九이면 => 9획

十이면 => 10劃으로 한다.

단 : 백천만억(百千萬億)은 일반적인 한문 획수를 따른다.

* 천도유한난(天道有寒暖)=>하늘에는 차갑고 따듯한 기의 도가 있다.

* 지도유조습(地道有燥濕)=>땅에는 건조하고 축축한 기의 도가 있다. 길(吉)한 사주(四柱)
  1. 원유(源流)
  2. 생화불식(生化不息)
  3. 주유무체(周流無滯)

◎ 성명학(姓名學)의 구성(構成) 및 조건(條件

1) 선저후고(先低後高)먼저 낮고 후엔 높고. 선탁후청(先濁後淸) 먼저 흐리고 후엔 맑고 부르기 좋고 듣기 좋아야 한다.
2) 돈후장중(敦厚壯重) 두텁고 씩씩하고 묵직하고 품위가 있어야 한다.
3) 이(李) 지(知) 선(宣) 많이 알고 많이 베풀고. 좋은 뜻이 담겨있어야 한다.
4) 林(木木) 鍾.(金重) 喆(吉吉). 이름3자가 분파돼선 안 된다.
5) 란(鸞)난새란 자. 처럼 힘들고 어려운 자는 피하는 것이 좋다.
6) 四柱 원국에 맞게 陰. 陽의 배치가 좋아야 한다.
7) 五行. 用神. 漢字가 四柱와 조화를 잘 이루어야 한다.
8) 성명을 작성함에 있어 불길 문자를 사용해선 안 된다.
* 불길문자를 사용하면=>불의의 재난으로 산파하고 신병이 따른다.

9) 획수도 길한 획수와 흉한 획수가 있는데 항시 길한 획수만 써야한다. (예) 15획 統率格은지혜와 덕을 겸비한다.
10) 길한 오행으로 相生되어야 한다.

예: 水生木. 상생 되어야 하고

명체분리(名體分離)이름과 몸이 나누워 떨어지면 안 된다.

◎ 선천합국(先天合局)의 길흉관계(吉凶關係)

1) 산주(四柱)의 신강(身强) 신약(身弱)과 격국(格局)을 가려 서 용신(用神)과 길흉(吉凶)과 신살(神殺)을 면밀히 파악하 고 작명 하여야 한다.

2) 사주(四柱)에 기국(氣局)의 심천(深淺) 낮고 깊고 대(大) 중中) 소(小)의 격국(格局)과 청탁(淸濁) 맑고. 흐리고. 대운분 절(大運分折) 대운이 나뉘고 꺾기고을 파악하는 것이다.

3) 사주(四柱)의 吉과 凶의 대운(大運)이 어느 시기에 오는 가? 분절(分折) 할 것이다.

4) 사주(四柱)의 기세(氣勢)가 무엇이 부족하고 무엇이 태과 한지를 파악한다

5) 관운(官運)과 재운(財運)중 어느 것이 강한지를 파악해야 것이다.

6) 육친(六親) 관계가 어떠한지를 파악을 할 것이다.

7) 한(寒)차고. 영(冷)얼고. 온(溫)뜨겁고. 서(暑)덥고. 조(燥) 마르고. 습(濕) 습기가 있고. 자세히 살펴야 한다.

이상(以上)과 같이 자세하게 살펴서 약하면 도와주고 강하면 설기 시키고 깊으면 메우고. 얕으면 파내고 흉하면 길하게

하고 기가 너무 세면 덜어주고 병들어 있으면 약 오행을 써서 치료하고 냉하면 덥게 하고 더우면 시원하게 하되.

음영오행(音靈五行)으로는 매우 좋은데 상극(相剋)이면 한문 글자의 변 오행을 써서 주입하고 또는 수리역상의 각궁(各宮의 五行으로 주입한다.

사주(四柱)상 부족한 五行으로 인하여 풀리지 않을 때엔 부족한 오행을 성명에 주입하여 보충함으로서 삶을 윤택하게 하는 것이 성명학의 의의라 하겠다.

◎ 姓名 組織의 七代 要領

1) 數理運路(성명의 운로)=>81수의 수리 영동작용
2) 陰陽排列(성명 운성) =>음양 조화요 부조화
3) 音靈五行(성명의 생명)=>음성 영동력 작용
4) 字意情神(성명의 정신)=>기국. 심천. 처세
5) 先天命合局(성명 조직)=>사주에서 필요로 하는 격국(格局)에 응해야함.
6) 易理大象(성명의 운행)=>선천명과 후천명의 조화.
7) 五行易象(성명의 결정)=>후천 정국의 화하는 부문.

◎ 用神의 作名 배열(排列)

用神=>木=>목용신을 도와주는오행. 氵.扌.변의 한자.
　　　　火=>화용신을 도와주는오행. 目　변의 한자.
　　　　土=>토용신을 도와주는오행. 心.小변의 한자.

金=>금용신을 도와주는오행. 土   변의 한자.

水=>수용신을 도와주는오행. 金   변의 한자.

※ 姓名三字가 모두 陽이면=>질병으로 인해 고생이 많고 실
패 좌절. 부부이별 손재 정신질환 심하면 파산 및 형벌로
고생 한다.

※ 姓名三字가 모두 陰이면=>재산이 흩어지고 人德이 없으며
結婚失敗 무자식 건강악화 등으로 고독한 생활을 한다.

◆ 姓名學의 原理圖 (音靈五行)

五行	木		火		土		金		水	
天干 地支	甲 寅	乙 卯	丙 午	丁 巳	戊 辰 戌	己 丑 未	庚 申	辛 酉	壬 子	癸 亥
數理	1	2	3	4	5	6	7	8	9	10
發音	ㄱ ㅋ		ㄴㄷㄹㅌ		ㅇ ㅎ		ㅅ ㅈ ㅊ		ㅁ ㅂ ㅍ	
口音	아음(牙音)		설음(舌音)		후음(喉音)		齒音(치음)		脣音(순음)	
韻音	어금니소리		혀 소리		목구멍소리		잇소리		입술소리	

◆ 자음 받침 음

五行	主 音	音 性	五行	從 音	音 性
木	가. 카. 행.	아음	木	ㄱ	아음
火	나.다.라.타.행	설음	火	ㄴ ㄹ	설음
土	이. 하. 행.	후음	土	ㅇ ㅎ	후음
金	사. 자. 차. 행	치음	金	ㅅ	치음
水	마. 바. 파. 행	순음	土	ㅁ ㅂ	순음

◎ 音靈 五行 이란?

姓名字의 發音을 뜻하는 것이니 이 音響(음향)에서 五行을 표출하는 것이다. 이 音靈은 신비한 音響으로서 靈의 妙音(묘음)이다. 天地間에는 끊임없이 무슨 소리가 계속 나고 있는데 크게는 天體의 소리 작게는 곤충의 소리까지 수많은 소리가 있을 것이다. 다만 소리가 없다는 것은 죽음을 의미하는 것이니 소리는 곳 存在한다는 증거인 것이다.

어마 어마하게 굉장히 큰소리와 큰빛은 인간의 五官으로는 감지 할 수 없다. 太陽을 중심으로 8개의 行星이 回轉하는 音響은 굉장히 시끄러울 것이다. 허나 우리 人間의 聽覺으로는 느끼지 못한다. 物理學에 의하면 음향의 진동수가 극히 적을 때나 클 때는 음향을 인간이 가지고 있는 오관의 감각으로는 느낄 수 없으며 그 진동수가 1초에 16회 이상이 되면 音響의 1개의 調子(조자)가 되며 그 數가 가해질수록 즉 4만회 이상으로 진동하게 되면 너무 음향이 높아진 까닭에 사람의 청각으로는 느끼지 못한다.

그리하여 4만회 이상으로 진동되면 熱(열)로 화하고 더욱 고도화 되어 진동수가 1초에 몇억으로 되면 光熱로 화하며 그 이상으로 고도화 되면 色으로 화한다. 그러므로 光熱에도 音波가 함유되어 있다는 것이다. 聲(소리성)소리라고 하는 것은 생각 할수록 기묘한 靈의 존재다. 하여 좋은 음악을 들으면 회열감(喜悅感)을 느끼게 되고 나쁜 소리를 들으면 혐오감(嫌惡感)을 느끼게 된다. 젓 소에게 좋은 음악을 들려주면 젖이 잘 나오고 닭에게 좋은 음악을 들려주면 알을 잘 낳는다. 이는 음향이 오관에 주는 직접적인 영향이라 하겠다.

◎ 음향(音響) 五行의 성질을 살펴보자.

木. 음향(音響) 木 오행의 소리
　가. 카. 행=>아운(牙韻)발음으로 어금니 쪽의 혀뿌리와
목 부분의 열리고 닫히는 운동에 의하여 발성되며.
견실. 사고(思考) 리상(理想. 자전(自專)등의 성질을 가진다.

火. 음향(音響) 火오행의 소리
　나. 다. 라. 타.=>舌韻(설운)발음으로　혀의　운동이　추가
되어 발성되며. 쾌할 . 민첩. 활기. 왕성. 등의 성질을 가진다.

土. 음향(音響) 土 오행의 소리
　아. 하. 행.=>喉韻(후운)발음으로 목구멍 부분을 통하여
발성되며. 온후독실. 자중노력. 강유겸비. 통솔력.
등의 성질을 가진다.

金. 음향(音響) 金 오행의 소리
　사. 자. 차. 행.=>齒韻(치운)발음으로 앞니 사이를 통해
예리한 음이 발성 되며. 과단성. 용감. 인내력. 등의 성질
을 가진다.

水. 음향(音響) 水 오행의 소리
　마. 바. 파. 행.=>순운(脣韻)발음으로 입술의 개패 운동으
로 발성되며. 지모수발(智謀秀拔).임기응변. 담박. 냉정. 등
의 성질을 가졌다.

◎ 姓名의 수리조직방법(修理造織方法)

성명학(姓名學)의 수리조직(數理造織)에는 (元. 亨. 利. 貞)의 사대원칙(四大原則)있다.

* 姓名을 조직(造織)에 있어 우선 사주명국(四柱命局)을 살펴 그 사주격(四柱格)이 재물형(財物形)이냐. 학문적(學文的) 하자형(學者形)이냐를 파악하고 원. 형. 리. 정의 81數運 영동을 보아 조직한다.

◎ 元. 亨. 利. 貞. 格의 靈動力.

1)   元格=>姓을 뺀 이름자(상명과 하명)의 합수를 元格이라
     하니. 이는 地格으로 期初운이 되는바 주로 幼年時와 中
     年전의 運命을 지배 하는 것이며 前運이라 한다.
     仁에 속하고 木이다.

1) 亨格=>姓과 上名의 합수를 亨格이라한다. 이亨格은 人
    位的으로 중심운 이라 하니 人間運命에 가장 강력 하
    게 영향을 미치되 태반은 그 사람의 일생을 통하여 중
    심적 위치에서 운명을 좌우 하는 것이다. 禮에 속하고
    火이다.

1) 利格=>姓과 下名의 합수를 利格이라 한다. 利格은 亨格과
     밀접한 관계가 있는 동시에 자기를 중심으로 특히 주위
     환경과 대외 관계에 까지 運波靈力을 파급한다. 대체로
     中年(30歲 이후부터45歲)를 지배한다.
     이부위에약간 의 흠수가 있더라도 亨格이 강하면 큰 액
     은 면하게 된다. 義에 속하고 金있다.

 1) 貞格=>姓과 上名 下名의 합수를 貞格이라한다.   35歲부
     터 末年(말년)까지를 지배한다. 元格과 貞格의 運氣力 된
     뒤의 한계가 37~8歲를 기점으로 판연히 그 영동력이 바
     뀌는 것이 아니라 단지 비교적 강하게 영동 한다는 뜻이
     며 중년 후에 있어서도 元格運이 부화영동하며 청소년
     시대에도 貞格運이 역시부화 유도 되는 것이다. 智에 속
     하고 水이다.

◎ 信=>土에 속하고 중용이다.

四柱 姓名五行의 相生相剋 作用

四柱元局에 木이 많은데 姓名에 木을 쓰면 木剋 土하여
    위장 계통이 병에 걸린다.

四柱元局에 火가 많은데 姓名에 火를 쓰면 火克金하여
    호흡기 계통에 병이 걸린다.

四柱元局에 土가 많은데 姓名에 土를 쓰면 土克水하여
    신장 계통에 병이 걸린다.

四柱元局에 金이 많은데 姓名에 金을 쓰면 金克木하여
    간장 계통에 병이 걸린다.

四柱元局에 水가 많은데 姓名에 水를 쓰면 水克火하여
    심장 계통에 병이 걸린다.

四柱元命에 木이 약한데 姓名에 木.火.를 넣으면 木生火하여
    간장 심장이 개선된다.

四柱元命에 火가 약한데 姓名에 火.土.를 넣으면 火生土하여
    심장과 위장이 개선된다.

四柱元命에 土가 약한데 姓名에 土.金.을 넣으면 土生金하여
    폐와 위장이 개선된다.

四柱元命에 金이 약한데 姓名에 金.水.를 넣으면 金生水하여
    폐와 신장이 개선된다.

四柱元局에 水가 약한데 姓名에 水.木.을 넣으면 水生木하여
    신장과 간장이 개선된다.

◎ 姓名五行의 相生 相剋 作用

四柱에 木이 약한데 성명에 金을 넣으면 金克木의 작용으로 간장 계통 기능이 저하 된다.

四柱에 火가 약한데 姓名에 水를 넣으면 水克火의 작용으로 심장 계통 기능이 저하된다.

四柱에 土가 약한데 姓名에 木을 넣으면 木克土의 작용으로 위장 계통 기능이 저하된다.

四柱에 金이 약한데 姓名에 火를 넣으면 火克金의 작용으로 폐장 계통 기능이 저하된다.

四柱에 水가 약한데 姓名에 土를 넣으면 土克水의 작용으로 신장 계통 기능이 저하된다.

◎ 五行의 상호작용법(相互作用法)

相生=>水生木(물은 나무를 생하고.
　　　　木生火(나무는 불을 생하고.
　　　　火生土(불은 흙을 생하고.
　　　　土生金(흙은 금을 생하고.
　　　　金生水(금은 물을 생한다.

相剋=> 金克木(금은 나무를 극하고.

　　　　木克土(나무는 흙을 극하고.

　　　　土克水(흙은 물을 극하고.

　　　　水克火(물은 불을 극하고.

　　　　火克金(불은 금을 극한다.

相比=>木比木(나무는 나무가 친구고.

　　　　火比火(불은 불이 친구고.

　　　　土比土(흙은 흙이 친구고.

　　　　金比金(금은 금이 친구고.

　　　　水比水(물은 물이 친구다.

　　　　姓名學에서는 比肩. 劫財를 서로 의지 하고 도와 주는

　　　　것으로 보아 나쁘지 않게 본다.

◎ 姓名體의 四大運路

四大運路=> 元. 亨. 利. 貞.

元運=>地格으로 기초 운에 속하고 1歲~30歲 까지를 주관한다.

亨運=>人格으로 활동운에 속하고 31歲~50歲까지를 관장 한다.

利格=>天格으로 환경운과.사회운에 속하고 31歲~50勢 까지를
　　　　형운과 갖이한다.

貞格=>總格으로 말년운에 속하고 51歲~天命까지를 관장한다.

◆ 姓名의 四大運路와 여러 글자의 표출법.

성(姓) 한자와 이름 한자의 작성법(두자로 된 이름)

◎ 姓 1자 이름 1자

　　(예)

```
                    李    7 } 7 亨
        利 18 {
                    晩   11 } 18元
            ─────────────────
                    18
                    貞格
```

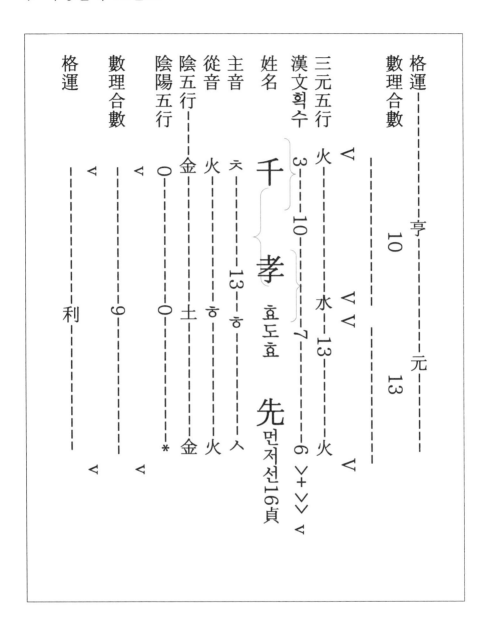

◎ 姓2자와 이름2자.

   (예)

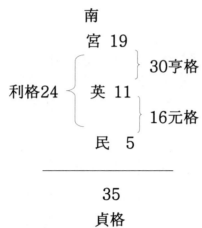

◎ 姓 2자와 이름 1자.

(예)

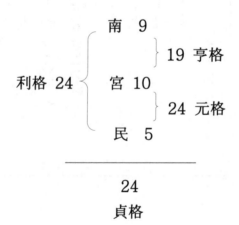

◎ 姓 1자 이름 2자
(예)

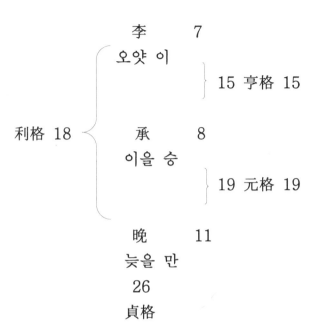

李　　　7
오얏 이
　　　　　15 亨格 15

利格 18
承　　　8
이을 승
　　　　　19 元格 19

晩　　　11
늦을 만
26
貞格

◆ 음오행(音五行)

音五行	主音	土.金.水	錦上有紋格
音五行	從音	土.土.火	錦上有紋格

數理				
	元格	19	苦難格	風鶴傷翼之象
	亨格	15	統率格	天地安全之象
	利格	18	發展格	進取發展之象
	貞格	26	英雄是非格	平地風波之象

(예)

선천 운 사주팔자에 火가 없으니

후천 운 姓名에 火를 넣어 작명하는 것이 성명학의 원칙이다.

乾命 乙亥年 三月 二十七日 寅時

四柱八字　　世數　大運

年　乙亥　　十　己卯

月　庚辰　　二十　戊寅

日　癸亥　　三十　丁丑

時　甲寅　　四十　丙子

　　　　　　五十　乙亥

　　　　　　六十　甲戌

　　　　　　七十　癸酉

◆ 주역괘론(周易卦論)

卦爻	乾	兌	離	震	巽	坎	艮	坤
易數	1	2	3	4	5	6	7	8
卦名	乾건	兌태	離이	震진	巽손	坎감	艮간	坤곤
爻爻	天천	澤택	火화	雷뢰	風풍	水수	山산	地지
卦德	剛健	喜悅	美麗	動進	謙順	陷險	停止	溫順
方位	乾서북방	西서방	南남방	東동방	巽동남방	北북방	艮동북방	坤서남방
事物	大平原	골짜기	문서	나무	초목	술.약	집 城	마루음식
季節	늦가을	가을	여름	봄	늦 봄. 초여름	겨울	이른봄	늦여름
身體	머리	입	눈	발	다리	귀	손	배
動物	말	양	꿩	용	닭	돼지	개	소

(예)

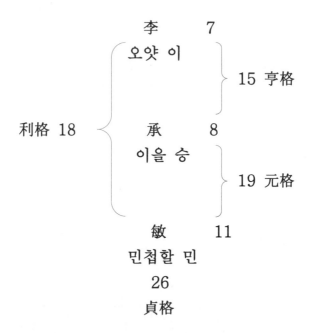

李　　　7
오얏 이

15 亨格

利格 18

承　　　8
이을 승

19 元格

敏　　　11
민첩할 민
26
貞格

內 : 上卦=> 3. 離火.상명획수8+ 하명획수11=19
19나누기8=나머지3. 나머지 3이 상쾌.
外 : 下卦=> 2. 兌澤 .성획7+ 상명획8+ 하명획11=26
26나누기8=나머지2. 나머지2가 하쾌.
상쾌 하쾌는 88제지하고 효쾌는 66제지 한
다.
爻 : 動爻=>1 9 元格+ 貞格26=45나누기6=나머지3.나머지3.효
쾌

卦名 => 火澤暌(화택규)
卦象 => 五逆之象(오역지상)
물과 불이 상극되어 근본적으로 모두와 인연이 없으며 만일
삼겹을 만나면 위가 통하게 되어 천추에 원한이 길이

끊어지지 않으며 피로서 모래 밭을 물드리게 되니
백골 혼이 된다.
◎ 元格數와 貞格數를 모두 합하여 8로 나누었는데도
나머지 수가 없으면 8을 그대로 괘로 쓰는 것이고
爻를 나눌때도 6으로 나누었는데도 나머지가 없으면
6을 그대로 괘효로 쓰는 것이다.
*8로 나누는 이치는 4방에 간방 8방이요
6으로 나누는 이치는 4방에 상하 6방인 것이다.

◆ 姓名 表出法 生年 : 丁酉 / 日柱 : 木

主音	從音	主音	從音	主音	從音	主音	從音
發	音	ㄱ	ㅁ	ㅅ	ㅇ	ㅎ	ㄴ
陰		陽		*		O	
						*	
數		理		8		13	
						16	
성명	한글	김		성		훈	
姓名	漢字	金		聖		勳	
音靈	五行	木	水	金	土	土	火
聲	音	牙韻	脣韻	齒韻	喉韻	喉韻	舌韻
干支	五行	乙	亥	庚	辰	己	巳
外宮	六獸	靑	玄	白	巳	勾	朱
內宮	六獸	兄	父	官	財	財	孫

姓名 ； 金 聖 勳.

四柱 ： 生年. 生月. 生日. 生時.

己亥. 丁酉. 庚辰. 己巳.

◆ 육수(六獸) 표출도(表出圖)

六甲	甲乙	丙	戊	己	庚辛	壬癸
六獸	靑龍	朱雀	勾陳	螣蛇	白虎	玄武
治神	東方의神	南方의神	天上의神	天上의神	西方의 神	北方의神
略記	靑	朱	勾	巳	白	玄
形象	용의형상	붉은새형상	별의이름	날아다 니는뱀	힌호랑이형	거북과 뱀의안개
心事	길.경사	구설.시비	근심.걱정	씨끄럼.놀램	사고재손실	도둑사기

音靈 五行을 干支로 表出하는法.

陰數=>짝수(偶數) 陰五行의 干支로 표출한다.

陽數=>홀수(奇數) 姓名 漢字의 획수가 홀수 일때는 陽五行의 干支로 表出 한다.

主五行은 天干으로 하고 從五行은 地支五行으로 삼는다.

◎ 土 五行의 表出法.

辰(陽土)=>1. 3. 5. 11. 13. 15. 획수.

戌(陽土)=>7. 9. 17. 19. 획수.

未(陰土)=>2. 4. 6. 획수.

丑(陰土)=>8. 10. 12. 14. 획수.

* 主音과 從音과의 連結 관계.

主音과 從音이 相剋할지라도 上名과 下名이 相生하면 무방하다.主音과 從音모두 相剋하여 끊어지면 불길하고 上名과 下名이 相克하면 不吉하고 主音이 水와 火를 가급적 피하는 것이 좋다.

* 六親 表出法.

六親法=>사주법의 인간 관계를 육신법과 같이 日干(일간)을 기준으로 각 干支(간지)와 대조 하면서 육신에 의하여 부모. 형제. 부부. 친구. 동료. 자손. 벼슬. 재물. 학문. 등의 관계를 표출 하는 방법이다.

1). 比肩.劫財(비견.겁재)=>형제. 자매. 친구.

2). 食神.傷官(식신.상관)=>자손.남자는 능력.

3). 偏財正財(편재정재)=>처. 재. 여자는 시모.

4). 偏官正官(편관정관)=>관귀. 벼슬. 남자는 자식. 여자는 남편

5). 偏印正印(편인정인)= >부모. 주택.

외궁()外宮 : 四柱의 일간을 기준으로 하여 相生. 相剋. 하여 六神으로 붙인다.

예 (日干:甲)木生火=식상. 木剋土=재성.

◎ 주역육수표출법(周易六獸表出法)

六獸法=>사주법의 인간관계를 논함과 같이 육수법은 四柱의
　　年干을 기준으로 음양 오행에서 간지 오행과 육수를
　　표출하고 이를 사주와 같은 방법으로 이름의 사주를
　　표출하여 생. 년.월.일.시.의 사주 선천명과 합국시키
　　는 법을 응용 하는 것이다.
(1) 靑龍(청룡)=> 길. 경사.
(2) 朱雀(주작)=> 구설. 시비.
(3) 勾陳(구진)=> 근심. 걱정.
(4)螣蛇(등사)=>시끄러움. 놀램.
(5) 白虎(백호)=> 사고. 재물손실.
(6) 玄武(현무)=>도둑. 사기.
外宮(외궁) : 四柱의 年干을 기준으로 하여 六甲에 맞추어
　　下名(하명)의 從音(종음)에서부터 위로　올라간다.
(예) 生年이 甲乙이면 청룡. 丙丁이면 주작. 戊는 구진. 己면
　　등사 庚과 辛은 백호. 壬癸는 현무를 붙인다.

◎ 姓名 四柱 表出.

　생년이 丁酉生인자의 성명 김승훈을 간지 오행으로써 성
　명 사주를 표출한다.
● 성의 金 간지 木(을목)水(해수)를 사주와 같은
　年柱 : 乙亥. 생 년의 간지 丁酉년의 丁酉를 사주와 같이
　月柱 : 丁酉상명 인 聖자 金(경금).土(진토)을 사주와 같이
　日柱 : 庚辰下名인 勳자 土(기토).巳(사화)를 사주와 같이
　時柱 : 己巳 내궁에는 육친을 붙이고 외궁에는 육수를 붙

인다. 육수는 위의 예와 같이 생년이 갑을의 을이
니 靑을 乙에 붙이고 아래서 위로 붙인다 했으니 약기 식으
로 巳己는 朱勾 辰庚은 巳 白虎 亥는 玄으로 붙인다.

◎ 표출법(表出法)

陰陽 : 陰　　　陽　　　陰
획수 : 8　　　13　　　16
성명 : 金　　　承　　　勳
음간오행 : 木水　　金土　　土火
간지오행 : 乙亥　　庚辰　　己巳
외궁육수 : 靑玄　　白巳　　勾朱
외궁육친 : 財孫　　兄父　　父官

◎ 四柱　表出

時柱　　日柱　　月柱　　年柱
己巳　　庚辰　　丁酉　　乙亥

◎ 六親과 六獸의 吉凶

* 早失 父母格
父位=>에 白虎. 句陳. 玄武의 六獸가 있고 他五行과 相剋
하든가 陰父에 陽財가 剋하든가 財가 父를 직접 剋할 때
3. 4. 7. 9. 12. 17. 18.세에 부와 사별한다.

* 兄弟宮의 吉凶.
兄位=>에 白虎. 句陳. 玄武가 있으면 生死離別하거나

兄弟가 없다. 易象에 兄이 隱伏(은복) 되면 형제가 없거나
형제가 적거나 無德하다. 兄位에 忘身殺 있어도 적거나
무덕하다. 兄位에 靑龍이 있거나 兄位가 많으면 형제가
많거나 有德하다.

* 妻宮 吉凶法.
姓名내에=>財가 많고 數理가 흉하면 2.3.차 재혼하거나 첩을
　　　　둔다 財가 없고(은복재) 수리가 흉하면 재혼하거나
　　　　無德하다. 財가 句陳.玄武.白虎에 있고 數理가 흉하면
　　　　재혼한다.白虎財에 忘身煞이면 상처한다.
　　　　靑財는 처덕이 있으나 중복 되면 첩을 둔다.
　　　　靑龍. 朱雀. 螣蛇에 財와 화개. 방안. 등의 吉神이 있으면
　　　　妻德이 있다

* 子女宮. 吉凶法
孫位=>에 白虎. 句陳. 玄武가 있으면 생사 이별한다. 남자는
　　　　손관을 자식으로 보고 坤命은 孫 과 또는 財가 3개 이
　　　　상 있을 때는 자식으로 보는봐 이때는 딸로 본다. 姓의
　　　　主音에 孫이 있고 下名에서 上名으로 相生이 잘되고
　　　　孫을 직. 간접으로 生하는 자가 있으면 白虎. 句陳.
　　　　玄武가 있어도 무관 하면서 多孫한다.

* 健康과 疾病法.
姓名의=>下名에서 上名으로 또는 상명에서 하명으로 相生相
　　　　剋하면 剋한 부분의 病이 發病한다.
死亡法=>(1) 姓名字에 忘身殺이 있고 生年의 支와 相合할 때
　　　　에는 元嗔殺年의 元嗔이 그 年干을 生할 때 또는 그 元

嗔이 旺할때에 그 元嗔이나 忘身年에 死亡한다.

死亡法 (2)

姓名의 元嗔과 生年支가 相互 元嗔되여 相合시에 元
嗔이 旺하는 元嗔年 元嗔과 相沖 忘身殺과 相沖하는
相沖年에 死亡 한다.

死亡法(3)

元嗔과 年支와 亡身殺이 相互 相合하면 相沖年 그리고
相沖하면 相合하는 해에 사망하고 혹은 그달 또는
그 日辰에도 死亡 한다.

◎ 姓名運의 六獸 作用.

靑龍=>高官格.
靑龍이 官에 붙으면=>벼슬과 명예가 길하다.
　　　　孫에 붙으면=>자손이 많고 有德하다.
　　　　財에 붙으면=>현저와 財物運에 길하다.
　　　　父에 붙으면=>부모가 덕하고 장수하며 사업에 길하다.

朱雀=>中級官格.
朱雀이 官에 붙으면=>법관등의 벼슬에 좋다.
　　　　四柱와 合局했을때 좋다.
　　　　孫. 財. 兄. 父. => 다 吉하다.

句陳이 官에 붙으면=>일반 행정관에 길하고
　　　　妻. 財 .孫에 약하고 근심이 있다.

騰蛇가 官에 붙으면=>法官에 길하고
　　　　孫. 財. 兄, 등에도 길하다.

白虎가 官에 붙으면=>무관에 길하고
　　　　孫. 財. 兄. 父.에 붙으면 흉하다.

玄武가 官에 붙으면=>일반 경찰 하급 공무원에 길하다.
　　　　財. 孫. 붙으면=>하급 공무원이다.

◎ 姓名의 財運의 吉凶法

財運=>財를 孫이 生하면 財運이 양호 하다.
　　　　靑龍財와 白虎財는 大財인데
　　　　財를 孫이 生하고 다시 孫을 兄이 生하고
　　　　父를 官이 生하면 强한 財運으로 巨富가 되는데
　　　　數理가 양호 하여야 한다.
　　　　財를 生해주는 太歲 또는 流年 또는 財와 同質인 比肩
　　　　의해에는 財運이 향호 하다.

性格=>性格은 生年支와 이름 上名의 主五行과의
　　　　연관 작용으로 본다.

職業=>직업은 生年支와 財.官孫.祿.과의 연관 작용으로 본다.
* 坤命=>日柱가 丁未. 癸丑. 白虎는 남편이 사고로 사망하거
　　　　나이 별수 이니 각별이 조심해야 한다.

* 坤命=>年支가 午. 申. 寅. 辰. 亥. 生은 과부될 위험이 많으
　　　　니 잘 하여야 한다.

* 陰靈 五行의 生剋 作用.

1). 木. 五行의 威力(위력)
　木 : 木 => 동화 되어 그 힘이 점점 신장 된다.
　木 : 火 => 목의 힘이 다소 소모되나 상당한 위력이 있다.
　木 : 土 => 반박 되어 되려 그 힘이 증대 된다.
　木 : 金 => 억압당하여 그 힘이 발휘 되지 못한다.
　木 : 水 => 특성이 증대 되어 위력이 더욱 왕성해 진다.

2). 火. 五行의 威力.
　火 : 木 => 화의 특성이 증대 되어 그 힘이 강해진다.
　火 : 火 => 동화 되어 그 힘이 점점 증대된다.
　火 : 토 => 조화 되어 그 힘을 발휘하나 약간 감고된다.
　火 : 금 => 일시적으로 크게 반박하나 그 후 소모된다.
　火 : 水 => 특성이 제압당하여 무력해 진다.

3). 土. 五行의 威力.
　土 : 木 => 토의 특성이 억 압 당하여 힘을 발휘 하지 못한다.
　土 : 火 => 그 특성이 강화 되어 대단히 증진 신장 된다.
　土 : 土 => 동화 되어 순조롭게 그 힘을 발휘한다.
　土 : 金 => 다소 감소 소모되나 상당한 힘이 있다.
　土 ; 水 => 서로 반박해서 도리어 그 힘이 소모되어 무력해 진다.

4) 金. 五行의 위력(威力)

金 : 木 => 일시적으로 그힘이 강화되나 후에 감소한다.

金 : 火 => 그 특성이 억압되여 무력해 진다.

金 : 土 => 그 특성이 증대 되어 위력을 충분히 발휘한다.

金 : 金 => 동질이 반박하여 그 힘이 수축된다.

金 : 水 => 약간 그힌이 소모되나 순조롭다.

5). 水. 五行의 위력(威力)

水 : 木 => 그 특성이 다소 감소되나 순조롭게 발휘한다.

水 : 火 => 대단히 강한 반박이 생겨 그 힘이 소모 된다.

水 : 土 => 그 특성이 제압당하여 무력해 진다.

水 : 金 => 특성이 더욱 증대 되어 그 힘이 증대 된다.

水 : 水 => 동화 되어 그 힘이 신장 되나 변화 한다.

◎ 陰陽의 區分

陰 => 女性之道로 =>우유부단. 소극적. 여성적, 진전이 약하다.

陽 => 男性之道로 =>동적. 남성적. 적극적. 이다.

◎ 良名의 陰陽法. (좋은 이름)

上에 속한 이름=> 성 이름이 : 양. 양. 음. 음. 음. 양.

中에 속한 이름=> 성 이름이 : 음. 양. 음. 음. 양. 음.

下에 속한 아름=> 성 이름이 : 양. 양. 양. 음. 음. 음.

◎ 四柱 定局이 陽八通과 陰八通일 경우

陰팔통이면 : 성 이름을 => 양.양.양. 으로 하고.

陽팔통이면 : 성 이름을 => 음.음.음. 으로 한다.

◎ 이름 사용의 不吉 文字

* 사용하면 불길한 문자들이니 가급적 사용 않는 것이 좋다 사주에서 필요하면 사용한다.

* 죈 : 슬하불행.

* 龍 : 고독. 조난.

* 福 : 재복 불길.

* 壽 : 단명.

　愛 : 부부 불행.

* 雲 : 실패. 부진.

* 梅 : 고난. 이별.

* 吉 : 불화.

* 花 : 부부 운 불길.

* 春 : 박명. 불행.

* 子 : 방랑. 불화.

* 玉 : 불행.

* 順 : 부부이별

* 豊 :육친 무덕. 쇠약

* 分 : 과부.

* 女 : 방랑. 불화.

◎ 장남 장녀 에게 쓰이지 않는 자.

中(중) 小(소) 二(이) 夏(하) 亨(형) 完(완) 地(지) 終(종)

■ 姓氏와 良名(吉名) 字劃數

姓氏 字劃數.

◆ 2획 성씨

丁	乃	卜	力	又
고무래정	이에내	점복	힘력	또우
jong	nea	bog	yoek	woo

◆ 이름 2획수리

1	1	1	1	1	3	3	4	4	5
4	5	14	15	23	3	13	9	19	11
6	6	6	9	13	13	14	16		
9	15	23	14	16	22	19	19		

◆ 3획 성씨

也	千	弓	大	凡	于	子	干	山
이끼야	일천천	활궁	큰대	무릇범	어조사우	아들자	방패간	뫼산
ya	choun	gung	dae	boum	wo	ja	gan	san

◆ 이름 3획수리

2 2	2 13	3 10	3 12	3 18	4 14	5 8	8 24	10 22	12 20
13 22	14 15	14 18	14 21						

◈ 4획 성씨

公	方	斤	孔	太	毛	王	天	化
귀인공	모방	날근	구멍공	클태	터럭모	임금왕	하늘천	될화
gong	bang	geun	gong	tae	mo	wang	choun	wha
尹	片	文	卞	水	元	夫	介	
민을윤	조각편	글월문	꼭지변	물수	으뜸원	지아비부	중매할개	
youn	pyoun	mun	byoun	soo	won	boo	gae	

◈ 이름 4획수

1 2	2 9	2 11	3 4	3 14	4 7	4 9	4 21	9 12
9 22	11 14	11 20	12 13	12 19	13 20	14 17	17 20	

◈ 5획 성씨

玉	申	弘	皮	占	白	永	丘	平
구슬옥	납신	클홍	가죽피	점칠점	힌백	길영	언덕구	평할평
ok	sin	hong	pee	jeom	baeg	young	gu	pyoung
田	甘	包	台	石	玄	史	乙支	
밭전	달감	쌀포	별태	돌석	검을현	사기사	을지	
joun	gam	po	tae	seoug	hwoun	sa	eulgi	

◈ 이름 5획수)

2	2	2	2	3	6	6	6	8	8	8	8	10	12
6	11	10	16	10	10	12	18	8	10	16	24	11	12

◆ 6획 성씨

宅	朱	曲	吉	羽	朴	后	任	老
집택	붉을주	굽을곡	길할길	깃우	성박	황후후	맡길임	늙을노
taeg	joo	gok	gil	yoo	bak	hoo	im	no
全	伊	牟	旭	西	印	米	先	安
온전전	저이	성모	빛날욱	서쪽서	도장님	쌀미	먼저선	편안안
goun	lee	mo	yook	seou	in	mee	seoun	an

◆ 이름 6획수

1	2	2	2	5	5	5	7	9	9
10	5	9	15	10	12	18	10	9	26
10	10	10	10	11	11	12	12	12	
15	19	23	25	12	18	17	19	23	

◆ 7획 성씨

延	李	甫	余	何	吳	判	車
맞을연	오얏이	클보	남을여	어찌하	나라오	쪼갤판	성차
yon	lee	bo	yeou	ha	oh	pan	cha
君	呂	宋	成	辛	杜	池	汝
임금군	성려	나라송	이룰성	매울신	막을두	못지	너여
gun	ryeou	song	seoung	sin	doo	jee	yeou

◆ 이름 7획수

4	6	6	6	8	8	8	8
14	10	11	18	8	9	10	16
8	9	9	10	10	11	14	9
17	16	22	14	22	14	17	9

◆ 8획 성씨

舍	金	房	沈	周	林	承	明	昌	具
집사	성김	집방	성심	두루주	수풀림	이을승	밝을명	창성창	갖출구
sa	kim	bang	sim	joo	leem	seung	myoung	chang	gu

奈	昔	奉	孟	宗	卓	尙	奇	采	
어찌나	옛석	받들봉	맏맹	마루종	높을탁	오히려상	기이할기	캘채	
na	seouk	bong	maeng	jong	tag	sang	gee	chae	

◆ 이름 8획수

3	3	3	5	5	5	7	7	7	7	7	7
10	13	15	8	10	16	8	9	10	16	17	24
8	8	8	8	9	10	10	10	10	13	16	
9	13	17	15	16	13	15	21	23	16	17	

◆ 9획 성씨

表	姜	咸	姚	宣	柳	奏	星
겉표	성강	다함	예쁠요	펼선	버들류	아뢸주	별성
pyou	kang	ham	yo	soun	you	joo	seoung
禹	秋	泰	河	施	南	兪	扁
임금우	가을추	클태	물하	베풀시	남녘남	인월도유	편편할편
yoo	chu	tae	ha	see	nam	you	pyoun

◆ 이름 9획수

2 4	2 14	4 4	4 12	4 20	6 9	6 17	7 8
7 16	7 22	8 8	8 15	9 20	12 12	12 20	14 15

◆ 10획 성씨

晋	洪	袁	馬	夏	孫	恩	芮	花	唐
나라진	넓을홍	성원	말마	여름하	손자손	은혜은	나라예	꽃화	나라당
jin	hong	won	ma	ha	son	eun	ye	wha	dang
秦	高	剛	旁	桂	邕	殷	徐	曺	
나라진	높을고	굳셀강	두루방	계수나무계	화할옹	나라은	천천히서	나라조	
jin	go	kang	bang	gye	yong	eun	seou	jo	

◆ 이름 9획수

1	1	3	3	3	5	6	6	6
6	7	3	5	8	8	7	15	19
7	7	8	8	11	14	14	19	
8	14	13	15	14	15	17	19	

◆ 11획 성씨

邦	崔	班	康	梅	曹	那	張	章
나라방	높을최	나눌반	편할강	매화매	무리조	어찌나	베풀장	글자장
bang	che	ban	kang	mae	jo	na	jang	jang
梁	紫	胡	國	范	堅	魚	海	許
들보양	붉을자	어찌호	나라국	범범	굳을견	고기어	바다해	허락허
ryang	ja	ho	guk	boum	gyoun	ou	hae	hou

◆ 이름 11획수

2	2	4	6	6	6	7	12	13
4	5	14	7	12	18	14	12	24

◆ 12획 성씨

景	黃	曾	弼	彭	閔	雲	異	程
볕경	누루황	일직증	도울필	성팽	성민	구름운	다를이	과정정
gyoung	hwang	jeung	pil	paeng	min	yun	lee	joung
智	庾	邵	敦	馮	森	東方	大室	小室
지혜지	창고유	땅소	도타울돈	땅풍	나무삼	동방	대실	소실
jee	you	so	don	pung	sam	bang	daesil	sosil

◆ 이름 12획수

3	3	4	4	5	6	6
3	14	9	13	12	11	17
9	9	12	12	12	15	
12	14	13	17	23	20	

◆ 13획 성씨

楊	廉	睦	琴	楚	湯	阿
버들양	청렴렴	화목목	거문고금	나라초	끓을탕	언덕아
yang	ryoum	mok	geum	cho	tang	ah
邢	路	雍	郁	舜	令孤	司空
나라형	길로	화할옹	성할욱	임금순	영고	사공
hyeoung	ro	ong	uk	sun	younggo	sagong

◆ 이름 13획수

2	3	4	4	8	8	8	12	12	14	16
3	8	4	12	8	10	16	12	23	18	19

◆ 14획 성씨

趙	裵	溫	賓	菊	愼	菜	慈
나라조	성배	따뜻할 온	손빈	국화국	삼갈신	나물채	사랑자
jo	bae	on	bin	guk	sin	chae	ja

連	箕	齊	鳳	碩	公孫	西門	
연할연	바둑기	모두제	새봉	클석	공손	서문	
youn	gi	je	bong	seouk	gong son	sou moon	

◆ 이름 14획수

1	2	3	3	3	3	3	4	4
2	15	4	12	15	21	22	11	17
4	7	7	7	9	10	10	10	11
19	10	11	17	15	11	15	21	12

◆ 15획 성씨

劉	葉	漢	葛	郭	慶	魯	董	萬	仲室
묘 금 도류	잎엽	한수한	칡갈	성곽	경사경	나라노	동독할 동	일만만	중실
you	youb	han	gal	gyouk	gyoung	no	dong	man	jung sil

◆ 이름 15획수

2 6	2 14	2 16	3 14	10	6 17
6 18	8 9	8 10	8 16	8 24	9 14

◈ 16획 성씨

龍	盧	陸	陶	陰	陳	諸
용룡	성로	육지육	질그릇도	그늘음	베풀진	모을제
yong	no	youg	do	eum	jin	je
潘	彊	都	錢	道	賴	皇甫
물이름반	강할강	도읍도	돈전	길도	힘입을뢰	황보
ban	gang	do	joun	do	ryoei	hwangb0

◈ 이름 16획수

2	2	2	5	7	8
5	13	15	8	8	9
8	8	8	9	9	13
13	15	17	7	16	16

◆ 17획 성씨

蔡	韓	鞠	鄒	蔣	鍾	謝	濂	應
나라채	나라한	기를국	나라추	풀장	쇠북종	사례사	엷을염	응할응
chae	han	guk	choo	jang	jong	sa	ryeoum	eung

〔이름 17획수〕

4	4	4	6	6	6	7	7	8	8	12	14
4	12	20	12	15	18	8	14	8	16	12	21

◆ 18획 성씨

顔	魏
얼굴안	나라위
an	we

◆ 이름 18획수

6	6	6	6	7	14
7	11	15	17	14	15

◆ 19획 성씨

鄭	薛	南宮
나라정	나라설	남궁
joung	soul	namgung

◆ 이름 19획수

2	2	2	4	4	6	6	6	7
4	14	16	12	14	7	10	12	22
10	12	13	13	14	16	18	19	
19	17	16	20	19	22	20	20	

◆ 20획 성씨

羅	嚴	鮮于
벌릴라	엄할엄	선우
ra	aoum	sunwoo

◆ 이름 20획수

3 5	3 12	3 15	3 18	4 9	4 11	4 13
4 17	5 13	9 9	9 12	12 13	12 19	

◆ 21획 성씨

釋	隨	顧
놓을석	따를수	돌아볼고
seouk	soo	go

◆ 이름 21획수

2	2	3	4	4	4	8	8	8	10	12	14
11	14	14	4	12	14	8	10	16	14	12	17

權	蘆	邊	蘇	隱
권세권	갈노.로	갓변	깨어날소	숨을은
gyoun	no	byoun	so	eun

◆ 이름 22획수

2 9	2 11	2 13	2 15	3 13	4 13	4 19
5 10	7 9	7 16	9 14	9 16	16 19	

◆ 2자 성씨

2 4 획 성씨	扶餘 부여			2 5 획 성씨	明臨 명임	獨孤 독고
2 7 획 성씨	黑齒 흑치	祖彌 조미	齊楚 제초	3 0 획 성씨	赫連 혁운	
3 1 획 성씨	諸葛 제갈			4 0 획 성씨	墻籬 장리	

두자성씨 작명은 원형이정(元亨利貞)의 원칙에 의거 다음 81
수 해설에 맞추어 작명하여야합니다.

■ 81數 數理 格名 解說

1數. 基本格(기본격)=>三陽回春之象(삼양회춘지상)
　　　만물이 소생하여 나오는 형상이니 귀하고 명예가 있다.

2數. 分離格(분리격)=>諸川分割之象(제천분할지상)
　　　모든일을 속히 하고자 하니 고독 슬픔 세월만 보낸다.

3數. 成形格(성형격)=>始生萬物之象(시생만물지상)
　　　지혜가 뛰어나고 온후 침착하며 복과 록의 지도자격이다.

4數. 不定格(부정격)=>東西各飛之象(동서각비지상)　부지런하
　　　여 잠시 성공하나 한순간 패가망신 夫婦생이별한다.

5數. 定成格(정성격)=>能成萬物之象(능성만물지상)　만물이　활
　　　기차게 생하고 문장이 뛰어나 성공하고 출세한다.

6數. 繼成格(계성격)=>陰德始胎之象(음덕시태지상)부하고　귀
　　　하게 되어 만인의 존경을 받아 큰 인물이 된다.

7數. 獨立格(독립격)=>剛健前進之象(강건전진지상)　정신을　하
　　　나로 이루니 어려움을 극복하고 목적을 달성한다.

8數. 開物格(개물격)=>自發自活之象(자발자활지상)
　　　힘든 것을 이겨내고 성실 근면 노력하니 성공하여 번성한다.

9數. 窮迫格(궁박격)=>大林無用之象(대림무용지상)
　　한순간 이룩하고 일시에 패망하니 부부이별 근심이 많다.

10數.　空虛格(공허격)=>萬盤虛無之象(만반허무지상) 매사 능
　　하게 계획하나 머리는 있돼 꼬리가 없어 실패한다.

11數.　新成格(신성격)=>自力更生之象(자력갱생지상)　계획을
　　잘 세워 믿음을 얻으니 스스로 성취하여 부귀 한다.

12數.　薄弱格(박약격)=>軟弱失調之象(영약실조지상)　바람에
　　빗질하고 빗물에 목욕하니 자식을 잃어 고독하다.

13數.　智謀格(지모격)=>久而自明之象(구이자명지상)　지혜와
　　꾀가 심오하니 신망을 얻어 맨주먹 성공 대길 한다.

14數. 離散格(이산격)=>運屯四散之象(운둔사산지상)
　　가족 상별 병약 단명하니 주관과 중신을 잃고 방황한다.

15數. 統率格(통솔격)=>天地安全之象(천지안전지상)
　　고귀한 성품에 지혜와 덕을 겸하니 대업을 성취한다.

16數. 德望格(덕망격)=>溫厚有德之象(온후유덕지상) 온순하고
　　정직한 성격으로 신망이 있어 평안 가정을 이룬다.

17數. 健暢格(건창격)=>健全暢達之象(건전창달지상)
　　강직한 기품은 모든 어려움을 참고 견디며 입신출세한다.

18數. 發展格(발전격)=>進取發展之象(진취발전지상)
목적을 달성하게 되니 부하고 귀하게 영달한다.

19數.　苦難格(고난격)=>鳳鶴像翼之象(봉학상익지상)　재앙과
손해가 연속되니 모든 일이 물거품 같이 허망하다.

20數.　虛望格(허망격)=>萬事空虛之象(만사공허지상)　파멸의
길로 점점 들어가게 되니 쇠약해지고 파멸한다.

21數. 頭領格(두령격)=>萬人仰視之象(만인앙시지상)
귀중하기가 비교 할수 없으니 지혜와 수단이 출중하다.

22數. 中折格(중절격)=>秋風落葉之象(추풍낙엽지상)
활동이 강하여 하늘을 날듯하나 매사 좌절되며 실패한다.

23數. 功名格(공명격)=>開花萬發之象(개화만발지상)
천하 영웅의 기질을 타고나니 만 사람이 우러러 본다.

24數. 立身格(입신격)=>雨後開花之象(우후개화지상)
처음에는 곤란함이 있어도 노력으로 성공하게 된다.

25數. 安全格(안전격)=>順風船海之象(순풍선해지상)
지혜와 심지가 깊으니 큰 뜻을 성취한다.

26數. 英雄是非格(영웅시비격)=>平地風波之象(평지풍파지상)
일시적으로 성공하나 바람 앞에 등불과 같다.

27數. 中斷格(중단격)=>落馬功骨之象(낙마공골지상)
　　재주와 지혜는 비상하나 모든 일이 중도에 좌절한다.

28數. 波亂格(파란격)=>大海片舟之象(대해편주지상)
　　넓고 넓은 푸른 바다에 한잎 나무 조각 배와 같다.

29數. 成功格(성공격)=>新綠有實之象(신록유실지상)
　　항상 위로 향하여 발전하니 부귀 공명하게 된다.

30數. 浮夢格(부몽격)=>無情歲月之象(무정세월지상)
　　시작은 있으나 끝이 없으니 머리만 크고 꼬리가 적다.

31數. 隆昌格(융창격)=>萬化方暢之象(만화방창지상)
　　재주와 지혜가 영수하니 만가지 어려움도 극복한다.

32數. 僥倖格(요행격)=>綠水周遊之象(녹수주유지상)
　　한번 바람과 서리를 지내고 나니 명예 이익을 크게 이룬다.

33數. 昇天格(승천격)=>老龍得運之象(노룡득운지상)
　　머리와 두뇌가 특이하여 권력과 명망을 천하에 알린다.

34數. 破滅格(파멸격)=>平地風波之象(평지풍파지상)
　　불의의 재액이 오게 되니 모든 일이 궤멸된다.

35數. 平凡格(평범격)=>安過太平之象(안과태평지상)충직한
　　선심을 가지고 있으니 부귀 장수 일생이 편하다.

36數. 英雄是非格(영웅시비격)=>骨肉相爭之象(골육상쟁지상)
몇 번이나 사선을 지내고 나서 뒷날에 크게 이루게 된다.

37數. 仁德格(인덕격)=>枯木生花之象(고목생화지상)
지혜가 많고 대담하며 강직하여 부귀영화가 따른다.

38數. 福祿格(복록격)=>立身揚名之象(입신양명지상)   문학이
풍부하니 기술과 예술도 발달하여 대업을 성취한다.

39數. 安樂格(안락격)=>開花迎春之象(개화영춘지상)
능한 것이 많고 재주가 많으니 만사가 형통하다.

40數. 無常格(무상격)=>徒勞無功之象(도노무공지상)   임기응변
하는 재주가 있으나 쓸모가 없고 소원을 못 이룬다.

41數. 大功格(대공격)=>名振四海之象(명진사해지상)
만인의 지도자가 될 수 있으며 부귀영화가 말년까지 이룬다.

42數. 苦行格(고행격)=>早節竹丈之象(조절죽장지상)
스스로 고난을 택하게 되니 가시밭길 이라 고집을 버려라.

43數. 迷惑格(미혹격)=>大海狂風之象(대해광풍지상)
뜻을 이루고 성공 할듯하나 일생에 파란만 난무하다.

44數. 魔障格(마장격)=>平地風波之象(평지풍파지상)
백번 싸워 백번 패하니 근심과 괴로움을 면하기 어렵다.

45數. 大智格(대지격)=>明月光彩之象(명월광채지상) 세상에
　　특별한 인물로 나있으니 영화와 명예가 으뜸이다.

46數. 不知格(부지격)=>暗行深夜之象(암행심야지상)
　　성공에 지장이 많으므로 고난이 따른다.

47數. 出世格(출세격)=>一握千金之象(일악천금지상)
　　준달하게 되었으니 슬기가 출중한 사람이다.

48數. 有德格(유덕격)=>兩順風調之象(양순풍조지상)
　　세상 일에 통달하니 만사람의 어른이 되리라.

49.數. 隱退格(은퇴격)=>一進一退之象(일진일퇴지상)
　　사업을 경영하고 꾀하는일이 모두다 실패하게 된다.

50數. 不幸格(불행격)=>龍變魚成之象(용변어성지상)
　　간간히 조금씩 되는일이 있으나 바람앞에 등잔불 이다.

51數. 春秋格(춘추격)=>一笑一怒之象(일소일노지상)
　　방심하지 아니하고 노력하니 큰업을 성취한다.

52數. 能直格(능직격)=>盛林白虎之象(성림백호지상)
　　사물 처리에 능하니 지극히 공정하여 사사가 없다.

53數. 不和格(불화격)=>泰山難月之象(태산난월지상)
　　변동수가 많게 되니 혹 길하기도 하고 흉하기도 하다.

54數. 辛苦格(신고격)=>落馬折骨之象(낙마절골지상)
　　불화로 근심이 많고 고독하며 패가 망신수가 있다.

55數. 不忍格(불인격)=>百事不成之象(백사불성지상)
　　모든 일에 극복 못하니 일에 실패가 많게 된다.

56數. 不足格(부족격)=>小心膽大之象(소심등대지상)
　　모든 일이 퇴보되었으니 되는 일이 없다.

57數.　努力格(노력격)=>一心佛功之象(일심불공지상)　부하고
　　귀하게 안락하게 되니 모든 일이 뜻과 같이 된다.

58數. 自力格(자력격)=>兩後香花之象(양후향화지상) 흥망이
　　두 바퀴 모양으로 되어있으니 공연히 세월만 보낸다.

59數. 不遇格(불우격)=>意外失敗之象(의외실패지상)
　　비록 재능은 있어도 실의 수객을 면하기 어렵다.

60數.　暗黑格(암흑격)=>深夜行人之象(심야행인지상)실패하여
　　곤궁하게 되니 처세하는데 장애와 풍파가 많다.

61數. 榮華格(영화격)=>開花萬發之象(개화만발지상)
　　선망이 돈독하고 두터우니 만인의 스승이 되겠다.

62數. 孤獨格.(고독격)=>蒼波片丹之象(창파편단지상)
　　곤고한 속으로 깊이 빠져 들어가니 쇠약하여 무력하게 된다.

63數. 吉祥格(길상격)=>回春東山之象(회춘동산지상)
고목이 봄을 만나니 꽃들이 피어 열매를 맺는다.

64數. 沈滯格.(침체격)=>入山修道之象(입산수도지상) 날아가는
새가 그물에 걸린 상이니 어느 날에 벗어날 것인가.

65數. 完美格.(완미격)=>萬化方暢之象(만화방창지상) 칠년 가
뭄에 단비가 내려 부귀와 명예가 수신 만인지상이다.

66數. 逆難格(역난격)=>進退兩難之象(진퇴양난지상)
손해가 계속되니 평생 불안하고 재액이 빈번하다.

67數. 成長格.(성장격)=>草木茂盛之象(초목무성지상) 큰 땅에
봄이오니 향하는 곳 마다 공이 있어 부귀 공명하다.

68數. 達成格(달성격)=>老客奉養之象(노객봉양지상) 백가지
꽃이 앞 다투어 피니 하늘과 땅이 화하고 윤택하다.

69數. 衰弱格(쇠양격)=>枯木風雪之象(고목풍설지상)
역경으로 방황하게 되니 재난이 중첩하여 파란을 가져온다.

70數. 暗難格(암난격)=>深夜逢賊之象(심야봉적지상)
밤에 맹호를 만남 상이니 생사를 알지 못한다.

71數. 不安格(불안격)=>好計難成之象(호계난성지상)
순한 것이 있어 순한 것을 만나니 일마다 좋게 돌아간다.

72數. 相半格(상반격)=>吉多小凶之象(길다소흉지상) 날은 서
산에지고 갈수록 태산이니 불안하고 신망이 없다.

73數. 亨通格(형통격)=>枯木回春之象(고목회춘지상)
푸른 나무에 그늘이 무르익어 꾀꼬리 소리가 즐겁다.

74數. 不交格(부교격)=>航海失路之象(항해실로지상)
꽃이 떨어지고 열매가 없으니 봄이 와도 봄 같지 않다.

75數. 旺盛格(왕성격)=>萬化方暢之象(만화방창지상) 향하는
곳마다 승리 하니 만가지 일들이 뜻과 같이 된다.

76數. 離散格(이산격)=>安地風波之象(안지풍파지상)
병액이 그치지 않으니 재앙이 그치질 않는다.

77數. 剛健格(강건격)=>春城回春之象(춘성회춘지상)
때로는 편안과 즐겁고 때로는 불행과 흥패가 반복된다.

78數. 無力格(무력격)=>봉학실족지상(鳳鶴失足之象)
빨리 하고자 하나 되지 않고 백번 싸워도 승리하지 못한다.

79數. 不信格(불신격)=>無翼飛落之象(무익비락지상)
동쪽 서쪽 분주히 다니나 몸과 마음이 산란하기만 하다.

80數. 陰影格(음영격)=>妄動多敗之象(망동다패지상) 구름은
많으나 비가 오지 않아 새싹이 생장하기 어렵다.

81數. 歡喜格(환희격)=>草木回春之象(초목회춘지상) 동풍 불
어 따뜻하니 곡식은 싹이 나고 만 사람이 우러러 본다.

▣ 音五行 解說

五 行	解 說		吉凶
木金金	不和爭論格	불화쟁론격	X
木金木	骨肉相爭格	골육상쟁격	X
木金水	萬事不成格	만사불성격	X
木金火	獨坐嘆息格	독좌탄식격	X
木金土	初失後得格	초실후득격	X
木木金	苦難辛苦格	고난신고격	X
木木木	立身出世格	입신출세격	0
木木水	成功發展格	성공발전격	0
木木火	立身出世格	입신출세격	0
木木土	苦難辛苦格	고난신고격	X
木水金	魚變龍成格	어변용성격	0
木水木	富貴雙全格	부귀쌍전격	0
木水水	大富大業格	대부대업격	0
木水火	速成速敗格	속성속패격	X
木水土	早起晩敗格	조기만패격	X
木火金	平地風波格	평지풍파격	X
木火木	春山花開格	춘산화개격	0
木火水	先富後貧格	선부후빈격	X
木火火	枯木逢春格	고목봉춘격	0
木火土	大志大業格	대지대업격	0
木土金	敗家亡身格	패가망신격	X

■ 音五行 解說

五　行	解　　説		吉 凶
木土水	枯木落葉格	고목낙엽격	X
火金金	四顧無親格	사고무친격	X
火金木	開花風亂格	개화풍난격	X
火金水	開花無實格	개화무실격	X
火金火	無主空山格	무주공산격	X
火金土	先苦後吉格	선고후길격	X
火木金	先苦後破格	선고후파격	X
火木木	富貴安泰格	부귀안태격	O
火木水	自手成家格	자수성가격	O
火木火	龍得逢運格	용극봉운격	O
火木土	萬花方暢格	만화방창격	O
火水金	雪上加霜格	설상가상격	X
火水木	意外財亂格	의외재난격	X
火水水	病難辛苦格	병난신고격	X
火水火	秋風落葉格	추풍낙엽격	X
火水土	錦衣夜行格	금의야행격	X
火火金	有頭無尾格	유두무미격	X
火火木	日進月加格	일진월가격	O
火火水	平地風波格	평지풍파격	X
火火火	開花逢雨格	개화봉우격	
火火土	美麗江山格	미려강산격	O
火土金	花柳長春格	화류장춘격	O
火土木	先吉後苦格	선길후고격	O

火土水	大海片舟格	대해편주격	X
火土火	日與中天格	일여중천격	0
火土土	萬花芳暢格	만화방창격	0

▣ 音五行 解說

五 行	解　脫		吉凶
土金金	幽谷回春格	유곡회춘격	0
土金木	鳳鶴傷翼格	봉학상익격	X
土金水	錦上有紋격	금상유문격	0
土金火	骨肉相爭格	골육상쟁격	X
土金土	日光春風格	일광춘풍격	0
土木金	小事難成格	소사난성격	X
土木木	虛無名實格	허무명실격	X
土木水	有頭無尾格	유두무미격	X
土木火	雲中之月格	운중지월격	X
土木土	枯木落葉格	고목낙엽격	X
土水金	先貧後苦格	선빈후고격	X
土水木	勞而無功格	노이무공격	X
土水水	一場春夢格	일장춘몽격	X
土水火	風波折木格	풍파절목격	X
土水土	敗家亡身格	패가망신격	X
土火金	苦難自成格	고난자성격	X
土火木	日光春城格	일광춘성격	0
土火水	進退兩難格	진퇴양난격	X
土火火	春日芳暢格	춘일방창격	0

土火土	立身出世格	입신출세격	O
土土金	古園回春格	고원회춘격	O
土土木	先苦後敗格	선고후패격	X
土土火	四顧無親格	사고무친격	O

■ 音五行 解說

五 行	解 說		吉 凶
金金金	孤獨災難格	고독재난격	X
金金木	平生病苦格	평생병고격	X
金金水	發展向上格	발전향상격	0
金金火	敗家亡身格	패가망신격	x
金金土	大志大業格	대지대업격	0
金木金	流轉失敗格	유전실패격	X
金木木	秋風落葉格	추풍낙엽격	X
金木水	苦痛難免格	고통난면격	X
金木火	寒山空家格	한산공가격	X
金木土	心身過勞格	심신과로격	X
金水金	富貴功名格	부귀공명격	0
金水木	發展成功格	발전성공격	0
金水水	發展平安格	발전평안격	0
金水火	善無功德格	선무공덕격	X
金水土	不意災難格	불의재난격	X
金火金	早起晚敗格	조기만패격	X
金火木	欲求不滿格	욕구불만격	X
金火水	無主空山格	무주공산격	X

金火火	病苦呻吟格	병고신음격	X
金火土	立身揚名格	입신양명격	0
金土金	意外得財格	의외득재격	0

■ 音五行 解說

五　行	해　설		吉凶
水金金	順風順成格	순풍순성격	O
水金木	暗夜行人格	암야행인격	X
水金水	魚變龍成格	어변룡성격	O
水金火	開花狂風格	개화광풍격	X
水金土	發展成功格	발전성공격	O
水木金	一吉一凶格	일길일흉격	X
水木木	萬花芳暢格	만화방창격	O
水木水	淸風明月格	청풍명월격	O
水木火	立身出世格	입신출세격	O
水木土	茫茫大海格	망망대해격	X
水水金	春日芳昌格	춘일방창격	O
水水木	萬景暢花格	만경창화격	O
水水水	平地風波格	평지풍파격	X
水水火	孤獨短命格	고독단명격	X
水水土	百謨不成格	백모불성격	X
水火金	心身波亂格	심신파란격	X
水火木	病難辛苦格	병난신고격	X
水火水	善無功德格	선무공덕격	X

水火火	一葉片舟格	일엽편주격	X
水火土	先貧後困格	선빈후곤격	X
水土金	先苦後安格	선고후안격	X
水土木	風前燈火格	풍전등화격	X
水土水	病難辛苦格	병난신고격	X
水土火	落馬失足格	낙마실족격	X
水土土	江上風波格	강상풍파격	X

◆ 고속(高速) 作名法

1) 작명할 사람의 사주(四柱)를 뽑아 부족한 오행 과다한 오행과 운명(運命)의 흐름을 살펴서 작명할 사람이 가고자 하는 즉 재벌. 학자. 관리. 법관. 예술. 방향으로 유도(誘導)할 수 있는 오행을 가려서 작명한다.

2) 위의 성씨를 찾아 성씨의 한문 획수를 찾아 적는다.
3) 위의 이름 수리의 수를 찾아 적는다.
4) 부르기 좋고 예쁜 이름을 지어 적는다.
5) 위의 이름 수리에 맞는 좋은 한문자를 찾아 적는다.
6) 작명의 음오행을 지을 때 성씨 오행은 고정되어 있으므로 이름 오행만을 움직여야 하니 성 오행에 맞추워 상명에 하명으로 상생 할 것인지 하명에서 상명으로 성에까지 음(音)오행(五行)을 상생 할 것인지 살펴야 한다.

7) 좋은 수리(數理)와 音五行(음五行)을 상생(相生)으로 맞추어야 한다.
8) 좋은 수리와 음오행(音五行)을 상생으로 맞출 때 사주(四柱)에서 필요한 오행(五行)을 성명에 넣어 길(吉)하게 유도해야 양명(良名)좋은 이름이 되는 것이다.
9) 작명을 함에 있어 원진살(元嗔殺)은 절대로 피해서 작명해야하나 귀인(貴人)이나 건록(建祿)을 넣어 작명하면 좋다.

10) 삼원오행(三元五行)을 잘 맞추어야 한다.
11) 사대운로(四大運路) 즉. 元. 亨. 利. 貞.이 조화를 이루게 한다.

12)主五行과 從五行이 상생이 잘되면 더욱 좋다.

　　數理가 잘맞고 音五行중 主오행은 성 이름이 잘맞고

　　종오행은 이름은 잘 맞고 성만 안 맞으면 무방하다.

　　主音五行은 어떠한 경우라도 상생이 되어야 한다.

13)姓名四柱를 뽑아서 元局四柱와 대조하여 작명이 잘 되

　　었는지 살펴야 한다. 고로 作名을 함에 이 모든 것을 염두

　　에 두고 혼합해서 착오 없어야 양명을 작명할 수 있는 것

　　이다.

◎ 雅號(아호)=>本人의취미. 희망. 직업. 성품. 등의 意義가

　　함축된字를 선택하되 제방법은 동일하다.

◎ 商號 및 社號 作名法.

　* 業體의 뜻과 發展할수 있는 이미지를 부각 시키고

　* 字意(글자의 뜻)이 좋은 數理를 조성하고

　* 業主의 先天命(四柱)과 姓名運을 연관 조화 하고

　　특히 財와 孫을 강하게 부각 시킨다.

◎ 統計學的으로 나타난 姓名 數理의 急所.

1. 투혼. 투쟁. 타협. 정객=>17. 26. 27. 28.수.

2. 예술가. 예능인. 특 기술자 =>9. 10. 12. 13. 14. 10. 20.

　　22. 26. 29. 31. 33. 35. 38. 42. 43. 수.

3. 학자. 명석한 두뇌=>13. 14. 19. 29. 수.

4. 돈벌이가 인생 최대의 목표=>15. 16. 24. 29. 31. 수.

5. 처덕을 많이 입는 수=>24. 31.수.

6. 성적 능력이 뛰어 난수=>21. 27. 수.

7. 단명의 우려가 있는 수=>10. 20. 12. 19. 30. 34. 수.

8. 위장병을 불러오기 쉬운 수=>10. 12. 14. 20. 22. 30. 수.

9. 교통사고를 주의 할 수=>3. 4. 6. 8. 9. 10. 12. 14. 17.
   18. 19. 20 .27. 28. 수

10. 위인. 열사. 대인. 비극적인일=>34.수.

11. 발광하기 쉬운 수=>28. 34. 수. 五行의 火. 金.가세할 때.

12. 미모를 약속하는 수=>10. 12. 20. 22 .수.

13. 천재. 지모 출 중=>13. 19. 25. 29. 33. 수

14. 술. 배짱. 여자. 과부=>21. 23. 36.수.

15. 지지는 것을 싫어하는 수=>7. 8.1 7. 18. 수.

16. 안정. 후덕=>6. 15. 16. 35. 수.

17. 자선사업가=>41. 수.

18. 궁합이 잘 맞지 않는 수.=>9. 10. 12. 14. 수.

19. 자동운수=>1. 13. 31. 37. 48. 51. 수.

20. 타동운수=>3. 5. 6. 7. 8. 15. 16. 24. 32. 35. 39. 41.
    45. 47. 수.

21. 공망 운수=>10. 20. 30. 40. 50. 수.

22. 발복번영=>3. 5. 6. 11. 13. 15. 16. 21. 23. 24. 25.
    29. 31. 33. 35. 39. 41.

23. 재난. 실패.=>4. 9. 10. 14. 19. 20. 26. 28. 30. 34.
    40. 44. 수.

24. 뜻과 소망이 일치=>3. 5. 6. 7. 8. 15. 16. 17. 18.
    24. 25. 29. 32. 39. 41. 45.

25. 신역이고된수=>2. 4. 12. 19. 22. 26. 36. 40.수.

26. 부자 되는 수=>5. 15. 16. 24. 29. 32. 33. 41. 45.

27. 애교. 매력만점=>15. 19. 24. 25. 28. 32. 33. 42. 수.

28. 두뇌가 발달되는 수=>3. 13. 21. 23. 24. 25. 29. 31.

33. 35. 38. 39. 41. 45. 48. 52.수.

29. 만혼의 수=>9. 10. 12. 14. 17. 20. 22. 27. 수

30. 고독한수=>4. 10. 13. 14. 22. 26. 27. 28.30. 34, 40. 46.수.

31. 40세전 성공수=>3. 5. 6. 11. 13. 15. 16. 23. 24. 25. 31. 32. 33. 수.

32. 40세후 성공 수=>7. 8. 17. 29. 37. 39. 41.수.

33. 승부욕이 강한 수=>7. 17. 18. 25. 27. 37.수.

34. 다정 다감한수=>1. 3. 5. 6. 11. 15. 16. 21. 23. 32. 33. 38.수.

35. 부부싸움 많이 하는수.=>4. 7. 19. 20. 26. 27. 28. 34.수.

36. 감상적 인수=>35. 38. 42.수.

37. 외모가 뛰어난 수=>4. 12. 14. 22. 24. 31. 33. 37. 41.수.

38. 우두머리 되는 수=>1. 11. 21. 23. 31. 33. 39. 41.수.

39. 신체허약한수 =>2. 4. 9. 10. 12. 14. 19. 20. 22. 26. 30. 34. 36. 40. 42. 44. 46. 50. 54.수.

40. 명망을 얻는 수=>5. 6. 15. 23. 31. 35. 41.수.

41. 시기와 질투 많은 수=>12. 22.수.

42. 자수성가 하는 수=>3. 5. 6. 11. 13. 15. 16. 24. 31. 32. 35. 38.수.

43. 현모양처 수=>5. 6. 15. 16. 35.수.

44. (家)도중흥=>3. 5. 11. 13. 15. 16. 24. 31. 32. 35. 41

45. 가환신액=>2.4. 9. 10. 12. 14. 19. 20. 22. 26. 27. 36.

46. 허송세월 하는 수=>4. 9. 19. 26. 30. 36. 38. 44.수.

47. 업무 안정 수=>5. 6. 11. 13. 15.

16. 21. 24.32. 35. 41. 45. 38.수.

48. 유동적 직업의수=>9.10.14.19.20.27. 28.30.34.40.42.

49. 우유부단할 수=>22. 27. 30. 34.수.

50. 이성 스캔들 수=>4. 12. 14. 20. 22. 27. 36.

51. 신체에 상처 수술할 수=>4. 9. 10. 12. 14. 19. 20. 27. 28. 34. 36. 44.수.

52. 구설 관제 당하는 수=>9.10.14. 19. 27. 28. 34. 40. 46.

53. 성공할 수=>1. 3. 5. 6. 7. 8. 11. 13. 15. 16. 17. 18. 21. 23. 25. 29. 31. 32. 33. 39. 41.수.

54. 낙천적인 수=>4.9. 10. 15. 19. 20. 24. 25. 26. 27. 28. 32. 33. 39. 41. 42. 43.수.

55. 사고 적인 수=>5. 6. 11. 15. 16. 21.수.

56. 외강내유 수=>12. 14. 22. 26. 32.수.

57. 급한 성격의수=>14. 26. 27. 30. 36.수.

58. 신념이 강한 수=>17. 18. 21. 23. 33. 39.수.

59. 나약한 성품의수=>4. 12. 22. 28.수.

60. 창작에 재주있는 수=>24. 25. 수.

61. 정력적인 수=>17. 19. 21. 23. 26. 28. 31. 33. 38.수.

62. 희비가 분명한수=>14. 26. 33.수.

64 .목적 달성을 유도하는 수=>5. 15. 25. 35. 45.수.

65. 고난을 유도하는 수=>9. 19.수.

66. 매사 이루지 못하는 수=>10. 20. 30 .40. 50.수.

67. 좌절이 많은 수=>14. 28. 40.수.

68. 신경 쇠약이 있을 수=>4. 34. 44. 54. 수.

성명수리종요.

◎ 姓氏의 歷史(삼국시대)

1) 高句麗 : 우리나라 삼국사기 삼국유사 등에 의하면 건국시조
　　　　　주몽(朱蒙)은 국호를 고구려라고 하였기 때문에
　　　　　高씨라고 하였으며 주몽은 충신들에게도 극씨(克氏)
중실씨(仲室氏) 소실씨(小室氏)를 사성(賜姓)하였다.
　고구려 장수왕(413~490)부터 장수왕의 이름을　고연(高璉)
으로 기록(記錄)하여 王室의 姓을 高氏로　記錄 하였다.
고구려시대의 성씨=>상씨. 을씨. 예씨. 송씨. 목씨. 간씨. 주
씨. 마씨. 손씨. 동씨. 채씨. 연씨. 명림씨. 을지씨. 있었다.

2)百濟 : 삼국사기 삼국유사에 등에 의하면 시조(始祖)
　온조(溫祚)는 부여(扶餘) 계통에서 나왔다가 하여 姓을 부여
씨(扶餘氏)라고 하였다. 百濟 近肖古王(근초고왕) (346~375)
시대 부터 威德王(위덕왕) 27대까지는 여(餘)로 표 하다. 武
王(무왕)29대부터 扶餘氏로 記錄하였다. 백제시대의성씨=>여
씨. 사씨. 연씨. 협씨. 해씨. 진씨. 국씨. 목씨. 왕씨. 장씨.사
마씨. 수미씨 .고이씨. 흑치씨.

3) 新羅 : 朴氏(박씨). 昔氏(석씨). 金氏(김씨) 삼성의 전설이
　　　전해오며 琉璃王(유리왕) 9년(32)에 六部(육부)의 村長
　　(촌장)에게 각. 각. 李氏. 鄭氏 孫氏. 崔氏. 裵氏. 薛氏의 姓
　　을 賜姓(사성) 하였다. 新羅 眞興王(540~576)부터 眞興王
　　을 金眞興(김진흥)으로 기록하여 처음으로 姓을 金氏씨로
　　사용하였다. 신라시대의성씨=>박씨. 석씨. 김씨. 이씨. 정
　　씨. 최씨. 손씨. 배씨. 설씨. 장씨. 비씨. 고씨. 여씨. 있었다.

選 名 證

乾命 : 陰 : 乙亥年 三月 二十六日　寅時生.

　　　　陽 : 一八七五年 四月 二十八日 午前四時.

四柱　　 : 乙亥年 庚辰月 癸亥日 甲寅時.

大運　　 : 己卯.戊寅.丁丑.丙子.乙亥.甲戌.癸酉.

祝	李	承	晚
	오얏 리	이을 승	늦을 만
	LEE	SEUNG	MAN

陰陽		7	8	十一 = 26
音五行	主音：土.	金.	水.	錦上有紋格.
音五行	從音：土.	土.	火.	錦上有紋格.
三元	五行：金.	水.	水.	災變災難格.
數理	五行：元格	十九		苦難格.
	亨格	十五		統率格.
	利格	十八		發殿格.
	貞格	二十六		英雄是非格.

易理學 四柱姓名學 原理集如 選名함.

來情法秘文

修勳：李 揆 東 編纂

제3장 來情法　理論

봄(春) : 正月 二月 三月은 속지어(屬之於) 봄(春)하고 생명력 (生命力)이 있는 것은 생동(生動)을 시작(始作) 하는 것입니다.

여름(夏) 四月 五月 六月은 속지어(屬之於) 하(夏)하고　파종 (播種)을 하기 때문에 없어지는 것이니(損財)가 있는 때입니다.

五月을 당(當)하면 뿌리에 있던 모든 영양소(營養素)를 소비 (消費)이니 허실(虛勞)이 많은 달입니다.

六月이르면 잎은 잎대로 줄기는 줄기대로 열매는 열매대로 몸에 병(病)이 따르고 각각(各各) 자기(自己)의 사(死)를 향 (向)하여 동작(動作)을 이별((離別)할 대입니다.

七月 八月 九月은 소기어(屬之於) 추(秋)하고 가을이 시작되 어 결실(結實)을 맺어서 전답(田畓)에는 반듯이 수확물(收穫 物)이 있어 거두어서 창고倉庫에 담으니 의식(衣食)이 족하니 풍부((豊富)하고 대길(大吉)한 운세입니다.

十月 十一月 十二月은 속지어(屬之於) 동(冬)으로 겨울이 시 작되는 때입니다. 11월 맞으면 알맹이로

十一月을 당(當)하면 추수한 곡식으로 의식주도 해결하고 조

류(鳥類)의 먹이도 주고 슬픈 희생을 담당해야 하니 곡사(哭事)에 조심하고 건강을 조심하는 운이다.

十二月을 만나면 감자의 눈을 따고 뿌리를 잘라 이식을 준비하니 생명체(生命體)에 대한 수술로서 아픔을 당하게 되는 달이니 건강(健康)조심 관재(官災)조심 만사를 조심하는 운입니다,

■ 래정법(來情法)오행생사이용도)

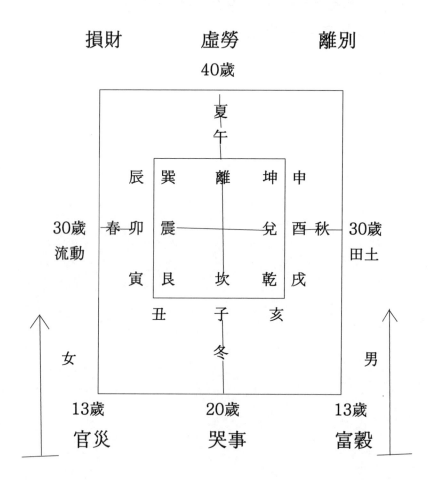

◙ 來情法 解說

감정(鑑定) 의뢰인(依賴人)의 生年月日을 적고 나이의 수(數) 대로 세어서 감정(鑑定)한다.

乾命은 우측(右側)부터 세는데 十三歲부터 술해(戌亥) 건(乾) 은 부곡(富穀)에서 시작한다.

十四歲 秋 酉 兌는 전토(田土) 十五歲 申未 坤은 이별(離別) 운이 온다.

十六歲 하(夏) 오이(午離)는 허노(虛老) 마음이 허전하고 실속 (實速)이 없다.

十七歲 사진 손(巳辰 巽)은 손재(損財)수가 있다.

十八歲 춘묘 진(春卯 震)은 유동(流動)이 있다.

十九歲 인축 간(寅丑 艮)은 관재(官災)가 있다.

二十歲 동자 감(冬子 坎)은 곡사(哭事)는 곡소리가 나는 운이다.

이와 같이 내정법(來情法) 해설(解說)에 맞추어 감정(鑑定)을 정신일도(精神一到)하여야 한다.

◎ 坤命은 역순(逆順) 한다.

坤命은 좌측(左側)부터 세는데 十三歲부터 축인(丑寅) 간(艮)은 관재(官災)에서 시작한다.

十四歲 춘묘(春卯) 진(震)은 유동(流動) 十五歲 辰巳 손(巽)은 손재(損財)운이다.

十六歲 하(夏) 午 이(離)는 허노(虛老) 마음이 허전하고 실속이 없다.

十七歲 (申未 곤(坤)은 이별(離別)수가 있다.

十八歲 (秋 酉 태(兌)는 전토(田土) 운이다.

十九歲 (戌亥 건(乾)은 부곡(富穀)운이다.

二十歲 동자 冬 子 감(坎)은 기사(哭事)운이다.

이와 같이 내정법(來情法) 해설(解說)에 맞추어 감정(鑑定)을 하되 정신일도(精神一到)하여서 상담한다.

▣ 來情法 卦象

一. 관재년(官災年)

男 : 취직. 관직. 관재구설. 문서. 사기. 등.
女 : 수술. 임신. 출산. 출가. 등.

① 관재월(官災月)

男 : 부동산 사고팔고 . 관재구설. 등. 부동산 사고 팔수 있는
    달은 4월이고. 이별(離別)을 조심하여야 하는 달은 5월
    이고. 관재구설 8. 9월이고. 유동(流動)이나 관재(官災)
    이면 교통사고 조심하라.

女 : 출가할 수 있는 해. 성형수술 해도 됨. 5월은 이별을 조
    심하고. 남편과 갈등을 조심하고. 반면에 남자친구도 생
    길 수 있다.

② 유동월(流動月)

男 : 8월은 流動 月이니 자동차를 조심할 것.
女 : 2월은 流動 月이니 차 조심 횡액을 조심하라.

③ 손재월(損財月)

男 : 돈이 있다면 무어시던 매입하면 좋다. 손재는 돈이 나가
    기 때문. 3월은 손재월((損財月)이니 돈을 쓸 것이다.
女 : 남자로 하여금 손해볼수 있는 월이니 조심하라.
    남녀 공히 官災를 조심하라.

④ 허노월(虛勞月)

男 : 투자를 했다면 후회 하는 시기 허노(虛勞)이니 모든 것
    이 허망한 달이다.
女 : 혹시라도 외간남자를 알았다면 후회하게 된다.

⑤ 이별월(離別月)

男 : 男女를 막론하고 부부가 조심해야 한다. 돈 때문에 남녀
고민이 막심하다. 어찌할 것인가?

⑥ 전토월(田土月)
男 : 투자를 권한다. 직장을 옮긴다면 좋은 기회. 잘못하면
    교도소 갈수 있다. 손재도 조심하라.
女 : 5월에 이별(離別)을 조심하고 만약 부정한행동이 있다면
    6월 전토(田土)를 조심하라.

⑦ 부곡월(富穀月)
男女 공히 곡식을 쌓아놓은 창고격(倉庫格)이니 재물이 나간
다. 잘못하면 사기로 몰려 손해 볼 수 있으니 조심하라.

⑧ 곡사월(哭事月)

곡한다는 뜻이니 나이든 사람은 사망할 수고 있으니 男女 공
히 조상천도를 권하라.

二. 유동년(流動年)

유동년(流動年)은 움직이는 해이니 손해 없이 움직임이 상책일 것이다.

① 유동월(流動月)

男子는 2月에 관재(官災) 6月에는 이별(離別)을 조심하고. 10월 횡액을 조심하라.

女子는 4月에 이별(離別) 8月에 관재(官災) 12月에 이별(離別)을 조심하라.

② 손재월(損財月)

男女 공히 움직이면 손재 있다.

男 : 4月곡사(哭事)조상천도 이장 등을 권유하라.

女 : 6月곡사(哭事) 10月 허노(虛勞) 조상천도 이장 등을 권유한다.

③ 허노월(虛勞月)

男女공히 움직이면 손해 본다.

안절부절 하는 달이니 심신 안정을 요하라.

④ 이별월(離別月)

男女공히 재산상 손해를 조심하라.

⑤ 전토월(田土月)

田土月에는 移徙갈수 있다.
男女공히 5月이 田土인데 집을 줄여서 이사(移徙)간다고 생각(生覺)하면 정답일 것이다.

⑥ 부곡월(富穀月)

男女공히 외국여행(外國旅行)가든가 아니면 돈을 써야한다.

⑦ 곡사월(哭事月)

男女공히 이장이나 조상천도 조상에 진심으로 기도하라.

⑧ 관재월(官災月)

男女 공히 제일 교통사고(交通事故)를 조심하고 횡액(橫厄)을 특히 조심하라.

三. 손재년(損財年)

곧 손재(損財)가 있지만 사주(四柱)상 대운(大運)이 좋으면 재물(財物)이 들어올 수도 있다.

① 손재월(損財月)

男女공히 손재(損財)수를 조심하라.

② 허노월(虛勞月)

男女공히 잘못하면 손재(손재)로 인해 허망(虛妄)하고 후회(後悔)할 수도 있다.

③ 이별월(離別月)

男女공히 손재(損財)를 주의하라.

④ 전토월(田土月)

男女공히 四月 六月 (田土)운이니 이사를 하되 집을 줄여서 이사(移徙) 간다고 생각하여야 한다.

⑤ 부곡월(富穀月)

男女 공히 여유 돈이 있다면 투자(投資)도 가능하다.

⑥ 곡사월(哭事月)

男女공히 이장(移葬) 사초(死草) 조상(祖上) 천도(薦度)를 권장(勸獎함이 좋을 것이다.

⑦ 관재월(官災月)

男女 공히 사업가(事業家)는 부도(不渡)에 조짐(兆朕)에 조심하고 손재(損財) 관재(官災)이니 재물(財物)과 법(法)과 관계(聯關) 지을 수 있다.

⑧ 유동월(流動月)

男女공히 손해(損害)보고 移徙를 꾀한다. 움직이면 손해(損害)보는 달이니 정숙(靜肅)하시라.

四. 허노년(虛勞年)

대체적(大體的)으로 좋이 않은 해이니 모든 것을 잘못 계산하거나 처신(處身)을 잘못하여 후회(後悔)하는 해이므로 노력(努力)보다는 수익이 부족한 해이다.

① 허노월(虛勞月)

男女공히 努力보다는 득(得)이 없으니 정숙(靜肅)함이 옳다.

② 손재월(損財月)

男女공히 움직이면 실수(失手)하고 재산(財産)상 손해(損害)보고 후회(後悔)한다.

③ 유동월(流動月)

男女 공히 움직인다 해도 소득(所得)이 없다.

④ 관재월(官災月)

男女 공히 타인(他人)의 일에 건섭(干涉)하지 말라.
후회막급(後悔莫及)하리라.

⑤ 곡사월(哭事月)

男女 공히 조상(祖上)님께 기도(祈禱)하라. 이루지 못하는 운이고 건강도 조심하라.

⑥ 부곡월(富穀月)

男女공히 투자(投資)해도 소득이 없다.

⑦ 전토월(田土月)

男女 공히 이사(移徙)를 해도 안정이 되지 않고 근심이 있는 운이다.

⑧ 이별월(離別月)

男女공히 인지위덕(忍之爲德)이니 참고 노력하라.

五. 이별년(離別年)

男女 공히 글자그대로 이별(離別)수이다. 운(運)다하여 죽을 수도 있고 제물(財物)도 떠날 수 있는 불길(不吉)한 운수(運數)이다.

① 이별월(離別月)

男女 공히 이별년(離別年)에 이별월(離別月)을 만나니 각별(各別)히 부부관계(夫婦關係)를 조심(操心)하고 병이든 자는 더한층 각별히 조심(操心)하라.

② 전토월(田土月)

女子가 이별(離別)에 전토(田土)면 부부이별(夫婦離別)하고 집을 나와서 생활(生活)을 시작(始作)할 수 있는 운(運)이다.

男子가 8月에는 절대로 外道하지말라. 이유는 9月이 이별(離別)의 달이니 8月에 조심(操心)하여 hotel 출입을 삼가고 여자만 봐도 외면하라.

③ 부곡월(富穀月)

男女 공히 만약 투자(投資)를 했다면 허망(虛妄)한 생각(生覺)으로 후회(後悔)할 것이다.

④ 곡사월(哭事月)

곡사월(哭事月)은 男女공히 5月에 (조상천도(祖上薦度)하면 개운(開運)을 얻는다.

⑤ 관재월(官災月)

男女 공히 금전(金錢)으로 인하여 구설(口舌)이 있고 부부(夫婦)는 이혼(離婚) 소송(訴訟)이 있겠고 돈을 뗄 수도 받을 수도 있지만 돈 때문에 관재수가 있겠다.

⑥ 유동월(流動月)

男女모두 타인(他人)으로 하여금 부부금슬(夫婦琴瑟)이 파손(破損)될 우려가 있다. 이혼소송 같은것을 말한다. 女子는 男子로 인하여 관재(官災)를 범 할 수 있다.

⑦손재월(損財月)

男女 공히 매사(每事)에 불길(不吉)하니 조심(操心) 하여야 하는 때이다.

⑧허노월(虛勞月)

男女 공히 후회(後悔)할 일만 생기니 조심하라.

六. 전토월(田土年)

외면(外面상)으로는 터전을 마련하는 해이니 좋은 운(運)으로 본다. 하지만 전토(田土)는 터전을 마련하는 운(運)이지만 골방에 갖힐 수도 있다는 걸 염두에 두어야 한다.

① 전토월(田土月)

男女 공히 이사(移徙)에 吉하고 대체적(大體的)으로 여의(如意)한 달이다.

② 부곡(富穀月)

男女 공히 돈을 쓰되 투자하는 쪽으로 쓰라. 이때 투자(投資)하지 않으면 후회(後悔)한다.

③ 곡사월(哭事月)

男女 공히 무조건(無條件)하고 조상천도(祖上薦度)를 권하거나 이사(移葬)을 하면 다음을 기대(期待)할 수 있다. 유독 신을 모신사람은 새 신장으로 덕을 볼 수 있다.

④ 관재월(官災月)

男女 공히 치득(取得)을 의미 한다. 뭘 사든가 투자(投資)의 의미가 있다. 男女간에 부정하면 금전을 손해 볼 수 있다.

⑤ 유동월(流動月)

男女 공히 신사업(新事業)을 새로 시작하는 의미를 갖는다.
만약 무었을 할려면. 4月 관재(官災)에 계약(契約)을 하고
개업(開業)하는 시기를 유동월(流動月)에 하게 하는 것이다.

⑥ 손재월(損財月)

男女 공히 손재(損財)도 유동(流動)과 비슷하다. 허지만 전토
(田土)라고 하는 것은 귀나 눈이 가려있는 시기라고 생각해서
통변할 것이다.

⑦허노월(虛勞月)

男女 공히 조용히 쉬는 것이 상책이다.

⑧ 이별월(離別月)

男女 공히 잘못하면 모든 걸 다 버릴 수도 있으니 경계하라.

七. 부곡년(富穀年)

곡식을 쌓아 놓은 상태다. 돈을 저축 했으면 쓸 곳을 찾는 시기이니 이런 때에는 기회를 바서 투자함이 마땅하다.

① 부곡월(富穀月)

男女 공이 투자(投資)를 하는 때이다.

② 곡사월(哭事月)

男女 공히 묘단장(墓端裝) 석물(石物) 조상을 숭배하는 해이다.

③ 관재월(官災月)

男女 공히 문서를 잡는다.

④ 유동월(流動月)

男女 공히 문서(文書)를 잡았으면 옮기는 때이다.

⑤ 손재월(損財月)

男女 공히 투자(投資)하고 돈을 쓰는 때이다.

⑥ 허노월(虛勞月)

男女 공히 잘못 투자(投刺)하였으면 후회(後悔)하는 시기이다.

⑦ 이별월(離別月)

男女 공히 부부관리(夫婦管理)를 잘 못했다면 많은 위적요(慰籍料)를 지불(支佛)할 수 있는 시기이니 조심하시라.

⑧ 전토월(田土月)

男女 공히 투자(投資) 좋은 시기이다.

八. 곡사년(哭事年)

조상천도(祖上薦度) 이장(移葬) 울고 잇는 시기다.
이러한 시기에는 기도(祈禱)하는 마음으로 조상(祖上)을 잘
모시고 집안 어른들을 정성을 다해 공경하라.

① 곡사월(哭事月)

남녀 공히 기도(祈禱)하는 마음으로 조상(祖上)을 섬겨라.

② 관재월(官災月)

남녀 공히 문서(文書)조심. 구설(口)舌조심. 몸을 낮추어라.

③ 유동월(流動月)

남녀 공히 교통사고(交通事故)조심. 원행(遠行)하지말라.

④ 손재월(損財月)

손재(損財)수가 있다. 조상(祖上)님께 빌어라.

⑤ 허노월(虛勞月)

몸을 단정히 하라. 후회(後悔)할 것이다.

⑥ 이별월(離別月)

男子는 아내에게 잘하고 女子는 남편에게 잘하라.

이별(離別)수가 있으니 조심하라.

⑦ 전토월(田土月)

男女 공히 문단속. 집단속. 인장 단속하라.

⑧ 부곡월(富穀月)

男女 공히 베풀어라. 베푼 만큼 얻을 것이다.
구걸(求乞)하는 이를 없을 수이 하지 말라
적선(積善)하면 반듯이 경사(慶事)가 있겠다.

▣ 인간(人間)의 삶

운명학(運命學)을 공부하기 전에 알아야 할 긴요(緊要)한 글을 소개합니다.

사람은 하늘과 땅 사이에서도 가장 영귀(靈貴)한 것이며 둥근 머리는 하늘을 상징하고. 발은 땅을 상징합니다.

하늘에는 사시가 있듯이 사람의 몸에는 사지가 있으며 하늘에는 오행(五行)이 있듯이 사람의 몸속에는 오장(五臟)이 있습니다.

하늘에는 육극(六極)이 있듯이 사람의 몸에는 육부(六腑)가 있으며 하늘에는 팔풍(八風)이 있듯이 사람의 몸에는 팔절(八節)이 있습니다.

하늘에는 구성(九星)이 있듯이 사람의 몸에는 구규(九竅)아홉 개의 구멍이 있으며 하늘에는 12시가 있듯이 사람에게는 십이경맥(十二經脈)이 있습니다.

하늘에는 이십사기(二十四氣)가 있듯이 사람에게는 이십사유(二十四兪)가있습니다. 하늘에는 삼백육십오도(三百六十五度)가 있듯이 사람 몸에는 365골절이 있습니다.

하늘에는 일월(日月)이 있듯이 사람의 몸에는 두 눈 안목(眼目)이 있습니다.

하늘에는 주야(晝夜)가 있듯이 사람에게는 오매(寤寐)잠자며 쉬는 오매가 있으며. 하늘에는 뢰전(雷電)이 있듯이 사람은 희로(喜怒)가 있습니다.

하늘에는 우로(雨露)가 있듯이 사람은 체읍(涕泣)소리 없이 우는 눈물이 있으며. 하늘에는 음양(陰陽)이 있듯이 사람은 한열(寒熱)이 있습니다.

땅속에는 천수(泉水)가 있고 사람의 몸에는 혈맥(血脈)이 있으며. 땅속에는 초목(草木)과 그 속에는 금석(金石)이 있듯이 사람에게는 모발(毛髮)과 치아(齒牙)가 있는 것입니다.

이 모든 것들은 사대오상(四大五常)이 묘한 조화 속에서 형성(形成)된 것입니다.
사람의 형체가 긴 편이 짧은 편만 못하고 큰 편이 작은 편만 못하고, 살찐 편이 여윈 편만 못하고, 흰 편이 검은 편만 못하고, 엷은 편이 두터운 편만 못한 것입니다.

살찐 사람에게는 습(濕)이 많고, 여윈 사람에게는 화(火)가 많으며, 흰 피부의 사람은 폐기가 약하고, 검은 피부의 사람은 폐기가 왕성한 것입니다.

◎ 건착도(乾鑿度)란?

하늘의 도에 이르기를
하늘의 형체는 건(乾)으로부터 생겨났고
乾은 태역(太易). 태시(太始). 태소(太素)로 이루어 졌으며
太易은 기가 생기기 전이고.
太初는 기의 처음이 되고.
太始는 형의 처음이 되고.
太素는 質의 처음이 되며,
形氣가 이미 갖추어 졌기 때문에 아(疴)병아가 병이 생기게
되고, 疴(아)는 瘵(채) 허로병채(虛老病瘵)가 되었고 채가 변
해서 병이되는 것이나 병은 허함으로 생기는 것입니다.

◎ 잉태(孕胎)

천지의 정기는 만물의 형체로 변화되고,
부(父)의 정기(精氣)는 혼(魂)으로 되고,
모(母)의 정기(精氣)는 백(魄)으로 되어서
잉태가 되면.

첫 달에는 우유의 낙과 같은 모양으로 응결(凝結)되고,
2개월이 되면 과실과 같은 이(李) 오얏 열매와 비슷하고,
3개월이 되면 사람의 형상이 대략 갖추어 지면서,
4개월이 되면 남녀로 구분되고,

5개월이 되면 근골이 형성되면서,

6개월이 되면 털이 나고,

7 . 8개월이 되면 혼백이 놀면서 좌우의 손을 움직이게 되고,

9개월이 되면 몸을 세 번 굴리게 되며,

10개월이 되면 체구가 만족하여 母子로 구분이 된다.

달을 지나서 출산하면 부귀와 장수를 겸하게 되고,

열 달을 채우지 못하고 출산하면 빈천 요사한다고 하였습니다.

◎ 사람은

처음 기(氣)를 받고 9일이 되면 음양(陰陽)이 대략 정해지고

49일이 되면 비로소 잉태가 시작되고 그 뒤 7일마다 한번 씩 변하게 되니

만 306일과 만 296일 안에 출생하는 아이는 상기(上器)에 들게 되고,

286일 266일안에 출생하는 아이는 중기(中器)에 들게 되며,

256일과 246일 사이에 출생하는 아이는 하기(下器)가 되는 것입니다.

◎ 사대형성(四大形成)

地水火風(지수화풍)

서로가 화합하여 사람의 근골(筋骨)과 기육(肌肉)이 형성(形成)되는 것입니다.

근골과 기육은 土땅에 속하게 되고 .

정혈(精血)과 진액(津液)은 水에 속하게 되며.

호흡과 온난(溫暖)은 火에속하고,
영명(靈明)과 활동(活動)은 風에 속하게 되는 것이다.

바람이 그치게 되면 氣가 끊기게 되고 火가 없어지게 되면 몸이 냉해지며 水가 고갈되면 血이 마르고 土가 흩어지면 몸의 형태도 흩어진다.

발(髮) 치(齒) 골(骨)은 땅에서 빌렸고,
체(涕) 정(精) 혈액(血液)은 물에서 빌렸으며,
온(溫) 난(暖) 조(燥) 열(熱)은 불에서 빌렸고,
영명(靈明)은 바람에서 빌린 것입니다.
이것이 즉 사대오상(四大五常) 모두가 대자연(大自然)의 조화에서 이루어 지게된 것입니다.

◎ 노년(年老)

남자(男子)

남자는 8세가 되면 신기가 실(實)해저서 두발도 길어지고 이빨도 갈며 16세가 되면 신기가 성해지면서 천계(天癸)에 닿게 되니 정기(精氣)도 넘쳐서 음양(陰陽)이 화(化)하게 됨으로 아이도 낳게 할 수 있다.

24세가 되면 신기가 고르고 근골도 견강(堅强)하게 되니 어금니와 사랑이도 나게 되며 32세가 되면 근골(筋骨)이 강성(降盛)해서 肌肉(기육)도 충장(充壯)되고.
40세가 되면 신기가 위에서부터 쇠하기 시작하니 머리와 치아가 빠지게 되고, 48세가 되면 양기가 위에서부터 약해지므로 앞면이 마르게 되면서 모발도 희어지고, 56세가 되면 肝氣(간기)가 약해지니 근육의 활동이 약해져서 마르게 되며,

정기도 줄어들고 腎臟(신장)도 쇠해지니 형체가 모두 마르기 시작하고, 64세가 되면 이빨과 모발이 같이 탈락하게 된다. 오장이 성하면 정기가 넘치고. 오장이 약해지면 정기도 멸하게 된다.

◎ 여자(女子)

여자는 7세가되면 신기가 성해서 이빨도 갈고 두발도 길어지며, 14세가되면 천계(天癸)에 닿아서 임맥(任脈)도 통하게 되고 대충맥(大衝脈)도 성해서,

월경도 나오게 되니 잉태도 할 수 있게 되고
21세가 되면 신기도 평 충이 되어 어금니도 나게 되고
28세가 되면 근골도 견고해서 모발도 완전히 길게 나오며 신체도 장성하고,

35세가 되면 陽明脈(양명맥)이 쇠해짐으로 얼굴이 마르고 두발도 빠지기 시작하고, 42세가 되면 삼양 맥이 위에서부터 쇠해지므로 앞면이 마르면서 털도 희기 시작하고, 49세가 되면 任脈(임맥)과 大衝脈(대충맥)이 쇠하여 天癸(천계)도 말라서 地道(지도)가 통하지 않으니 형체도 어그러지고 잉태도 못하는 것입니다.

◎ 수명(壽命)

사람의 수명은 천명이라 한다.

父는 하늘이 되고. 母는 땅이 되며.父精(부정)과 母血(모혈)의 성쇠가 같지 않기 때문에 사람의 壽夭(소요)도 각각 차이가 있는 것이다.

선천적으로 부모로부터 기를 풍족하게 받으면 장수를 얻을 것이며 기를 풍족하게 받지 못하면 단명 하는 것이다. 사람의 수명은 120세를 살수 있다고 성현들이 기록하였습니다.

◎ 인심(人心)과 천기(天機)

도(道)는 마음으로 움직이게 되므로 그 이치를 아는 사람은 도로 마음을 보면 마음은 도가 되며 마음으로 도를 관통(貫通)하게 되면 도가 즉 마음이 되는 것이다. 마음이란 인심(人心)이 아니고 천심(天心)인 것입니다.

하늘이 북극(北極)에 있어서 조화의 추기(樞機)를 삼는 것도 心이 法인것과 같이 두표(斗杓)가 한번 운전(運轉)하면서 4시를 조절하여 5행에도 순서가 있으니 한서(寒暑)가 도(度)에 맞게 되고 음양이 화평한 것이다.

선기(璇機)를 두(斗)라고 하는데 하늘은 별를 기계로 삼고 사람은 마음을 기계로 삼아서 몸이 마음을 운전하는 것은 하늘 北斗星을 운전해서 4시를 조절하는 것과 같은 것이다. 天機(천기)란 半夜子時(반야자시)의 陽이 최초로 움직이는 것을

말하며 천기가 닿으면 사람은 자신의 機를 움직여서 應하게
되므로 天과 人이 합해서 發하게되고 內와 外가 서로 어울려
서 丹이 되는 것이다.

◎ 哲學이란?

自然과 人間에 대한 근본원리를 연구(硏究)하는 학문이
다. 인간의 체(體)는 소우주(小宇宙)와 같은 것이다.

두(頭)머리 ＝ (天) 하늘
족(足) 발 ＝ (地) 땅
일월(日月) ＝ 眼目) 눈
사시(四時) ＝ (四肢) 사지
오행(五行) ＝ (五臟) 오장
육극(六極) ＝ (六腑)육부 (하늘땅 동서남북)
구성(九星) ＝ (九竅)구규 아홉 구멍
12時 ＝ (十二經脈)=12경맥
24氣 ＝ (24兪)=24유
365度 ＝ 365骨節=365골절
주야(晝夜) ＝ 오매(寤寐) 잠들어 쉼
노전(雷電) ＝ 희로(喜怒) 희로애락
우로(雨露) ＝ 체읍(涕泣) 눈물
음양(陰陽) ＝ 한열(寒熱) 차다 덥다
천수(泉水) ＝ 혈맥(血脈) 체온
초목금석(草木.金石) ＝ 모발치아(毛髮.齒牙)
이러하기에 인간의 몸을 소우주라 하는 것이다

◎ 고갑자(古甲子)

이아(爾雅) 6.7세기 춘추전국시대
중국조나라 주공이 지었다.

◎ 천간(天干)

甲= 알봉(閼逢) 가로막을 알, 만날 봉
乙= 전몽(旃蒙) 기 전, 입을 몽
丙= 유조(柔兆) 부드러울 유, 조심 조
丁= 강어(彊圉) 지경 강, 마부 어
戊= 착옹(着雍) 붙을 착, 누구러질 옹
己= 도유(屠維) 잡을 도, 바 유
庚= 상장(上章) 위 상, 글 장
辛= 중광(重光) 무거울 중, 빛 광
壬= 현익(玄黓) 거물 현, 검을 익
癸= 소양(昭陽) 밝을 소, 볕 양

◎ 지지(地支)

子=곤돈(困敦)괴로울 곤, 도타울 돈
丑=적분약(赤奮若)붉을 적, 떨칠 분, 같을 약
寅=섭제격(攝堤格)당길 섭, 언덕 제, 바로잡을 격
卯=단알(單閼)홑 단, 가로막을 알
辰=집서(執徐)잡을 집, 천천히 할 서
巳=대황락(大荒落)큰 대, 거칠 황, 떨어질 락
午=돈장(敦牂)도타울 돈, 암양 장
未=협흡(協洽)맞을 협, 윤택할 흡
申=군탄(涒灘)클 군, 여울 탄

酉=작악(作噩)지을 작, 놀랄 악
戌=엄무(閹茂)내시 엄, 성할 무
亥=대연헌(大淵獻)큰 대, 못 연, 바칠 헌

◎ 고갑자(古甲子)

사기(史記)는 전국시대 역사기록
중국전국시대 역사가 (사마찬)이란 사람이 지었다.

甲子 = 언봉(焉逢)곤돈(困敦)

乙丑 = 단몽(端蒙)적분야(赤奮若)

丙寅 = 부조(浮兆)섭제격(攝堤格)

丁卯 = 강오(彊悟)단알(單閼)

戊辰 = 도유(徒維)집서(執徐)

己巳 = 축려(祝黎)대황락(大荒落)

庚午 = 상양(商陽)돈장(敦牂)

辛未 = 소양(昭陽)협흡(協洽)

壬申 = 횡애(橫艾)군탄(涒灘)

癸酉 = 상장(商章)작악(作噩)

甲戌 = 언봉(焉逢)엄무(閹茂)

乙亥 = 단몽(端蒙)대연헌(大淵獻)

◼ 명리학(命理學)

모든 오행 학에서는 육십갑자가 기본이 되니 통달하여야 명리 철학을 공부할 수 있는 것이며 육십갑자는 천간10자와 지지12자가 60개로 이루어진 것을 육십갑자라 하는 것이다.

◉ 천간(天干)

甲 乙 丙 丁 戊 己 庚 辛 壬 癸

으뜸갑. 새을, 남녘병, 고무래정, 성할무, 몸기, 별경. 매울신, 북방임, 북방계

◉ 지지(地支)

子 丑 寅 卯 辰 巳 午 未 申 酉 戌 亥

아들자 소축 범인 토끼묘 별 진 뱀사 낮오 아니미 펼신 닭의유 개술 돌해

◉ 천간에는 양간과 음간이 있다.

양간(陽干) 甲 丙 戊 庚 壬

음간(陰干) 乙 丁 己 辛 癸

◉ 지지에는 양지와 음지가 있다.

양지(陽支) 子 寅 辰 午 申 戌

음지(陰支) 丑 卯 巳 未 酉 亥

◉ 육십갑자(六十甲子)는 다음과 같다.

▣ 육십갑자(六十甲子)

甲	乙	丙	丁	戊	己	庚	辛	壬	癸	（空 亡）
子	丑	寅	卯	辰	巳	午	未	申	酉	（戌 亥）

甲	乙	丙	丁	戊	己	庚	辛	壬	癸	
戌	亥	子	丑	寅	卯	辰	巳	午	未	（申 酉）

甲	乙	丙	丁	戊	己	庚	辛	壬	癸	
申	酉	戌	亥	子	丑	寅	卯	辰	巳	（午 未）

甲	乙	丙	丁	戊	己	庚	辛	壬	癸	
午	未	申	酉	戌	亥	子	丑	寅	卯	（辰 巳）

甲	乙	丙	丁	戊	己	庚	辛	壬	癸	
辰	巳	午	未	申	酉	戌	亥	子	丑	（寅 卯）

甲	乙	丙	丁	戊	己	庚	辛	壬	癸	
寅	卯	辰	巳	午	未	申	酉	戌	亥	（子 丑）

1. 사주란?

四 넉 사, 柱 기둥 주. 자의 한문의 뜻으로 생년월일시를 말합니다.

2. 팔자란?

八 (여덜 팔) 字 (글자 자)자의 한문의 음처럼 생년월일시를 간지로 쓰면 여덟 글자임으로 이것을 사주팔자라 한다.

3. 사주팔자란?

年柱 는 태어난 해
月柱 는 태어난 달
日柱 는 태어난 일
時柱 는 태어난 시
이것을 사주팔자라 한다.

4. 지지월분표(地支月分表)

寅	卯	辰	巳	午	未	申	酉	戌	亥	子	丑
1월	2월	3월	4월	5월	6월	7월	8월	9월	10월	11월	12월
↕	↕	↕	↕	↕	↕	↕	↕	↕	↕	↕	↕
범	토끼	용	뱀	말	양	원숭이	닭	개	돼지	쥐	소

월건은 년이 변하여도 변하지 않는다.
생년의 간지를 취하는 법은 입춘 절입 시각을 기준으로 하고 생월의 간지를 취하는 법은 절입 시각을 기준으로 정한다.

◎ 절입은 다음과 같다.

1월 立春(입춘) ― 驚蟄(경칩) 시각 전까지

2월 驚蟄(경칩) ― 淸明(청명) 시각 전까지

3월 淸明(청명) ― 立夏(입하) 시각 전까지

4월 立夏(입하) ― 芒種(망종) 시각 전까지

5월 芒種(망종) ― 小暑(소서) 시각 전까지

6월 小暑(소서) ― 立秋(입추) 시각 전까지

7월 立秋(입추) ― 白露(백로) 시각 전까지

8월 白露(백로) ― 寒露(한로) 시각 전까지

9월 寒露(한로) ― 立冬(입동) 시각 전까지

10월 立冬(입동) ― 大雪(대설) 시각 전까지

11월 大雪(대설) ― 小寒(소한) 시각 전까지

12월 小寒(소한) ― 立春(입춘) 시각 전까지를 12월로
보는 것이다.

입춘시각을 넘으면 년도도 바뀌고. 월건도 1월로 바뀌나
일진은 바뀌지 아니하는 것이다.

◎ 사주팔자 정하는 법

사주팔자를 정하는 데는 만세력이 있어야 한다.

1. 만세력을 보고 출생한 년을 찾아 년주를 정한다.
2. 태어난 월을 찾아 절입에 의하여 월주를 정한다.
3. 태어난 일을 찾아 일주를 정한다.
4. 시를 정하는 방법은 태어난 시를 정하여 표기하고 일상 기시 법에 의하여 시간(時干)을 찾아 정하면 시주가 성립된다.

◎ 년상기월법(年上起月法)

갑기지년 병인두(甲己 之年 丙寅 頭)

을경지년 무인두(乙庚 之年 戊寅 頭)

병신지년 경인두(丙辛 之年 庚寅 頭)

정임지년 임인두(丁壬 之年 壬寅 頭)

무계지년 갑인두(戊癸 之年 甲寅 頭)

예 甲年이나 己年이면 1월달 월건이 丙寅부터 시작하여 丁卯 순으로 순행한다.

◎ 일상기시법(日上起時法)

갑기 반야 갑자 시(甲己 半夜 甲子 時)

을경 반야 병자 시(乙庚 半夜 丙子 時)

병신 반야 무자 시(丙辛 半夜 戊子 時)

정임 반야 경자 시(丁壬 半夜 庚子 時)

무계 반야 임자 시(戊癸 半夜 壬子 時)

(예) 일간이 甲이나 己가 되면 甲子부터 시작하여 乙丑 丙寅 순으로 순행한다.

◎ 시를 정하는 법(時를 定하는法)

子時 오후 11시부터 당일 1시까지
丑時 새벽 1시부터 새벽 3시까지
寅時 새벽 3시부터 아침 5시까지
卯時 아침 5시부터 오전 7시까지
辰時 오전 7시부터 오전 9시까지
巳時 오전 9시부터 오전11시까지
午時 오전 11시부터 오후 1시까지
未時 오후 1시부터 오후 3시까지
申時 오후 3시부터 오후 5시까지
酉時 오후 5시부터 오후 7시까지
戌時 오후 7시부터 오후 9시까지
亥時 오후 9시부터 오후 11시까지

◎ 대운 정하는 법(大運 定하는 法)

1. 양남 음녀는 순행(陽男 陰女는 順行)한다.

즉 남자의 년주가 양이고 여자의 년주가 음일 때 월주 간지를 기점으로 순행하여 기한다.

또한 행운 세수는 생일날을 기점으로 다음 절입까지 세어서 합수 3분하여 표기하는 것이다.

2. 음남양녀는 역행(陰男 陽女는 逆行)한다.

즉 남자의 년주가 음이고 여자의 년주가 양일 때 월주 간지를 기점으로 역행한다.

한 행운 세수는 생일날을 기점으로 역행으로 지난 절입까지 세어서 합수 3분하여 표기하는 것이다.

◎ 五行이란?

木　　火　　土　　金　　水

1. 천간오행(天干五行)

甲乙　木

丙丁　火

戊己　土

庚辛　金

壬癸　水

※ 천간에는 양간과 음간이 있다.

陽干 : 甲　丙　戊　庚　壬

陰干 : 乙　丁　己　辛　癸

2. 지지오행(地支五行)

寅卯　　　木

巳午　　　火

辰戌丑未　土

申酉　　　金

亥子　　　水

※ 地支에도 陽支와 陰支가 있다.

　　陽支 : 亥　寅　巳　辰　戌　申

　　陰支 : 子　卯　午　丑　未　酉

◎ 오행 상생 상극(五行 相生 相剋)

　　相生 : 木 生 火 生 土 生 金 生 水 生 木

　　相剋 : 木 剋 土 剋 水 剋 火 剋 金 剋 木

◎ 천간합 (天干合)

　　甲己 合 土 ＝ 中情之合 (중정지합)

　　乙庚 合 金 ＝ 仁義之合 (인의지합)

　　丙辛 合 水 ＝ 威嚴之合 (위엄지합)

　　丁壬 合 木 ＝ 人壽之合 (인수지합)

　　戊癸 合 火 ＝ 無情之合 (무정지합)

◎ 지지육합(地支六合)

　　子 丑 合 ＝ 土

　　寅 亥 合 ＝ 木

　　卯 戌 合 ＝ 火

　　辰 酉 合 ＝ 金

　　巳 申 合 ＝ 水

　　午 未 合 은 합은 하지만 오행은 변하지 않는다.

◎ 지지삼합(地支三合)

　　寅 午 戌　申 子 辰　亥 卯 未　巳 酉 丑

　　　火　　　　水　　　　木　　　　金

※ 십이지가 셋씩 만나 삼합을 이루게되며 합을하면 오행은
변하게 되는 것이다.

◎ 음양 오행의 질(陰陽五行의質)

甲寅	陽木	대림 (大林)	곧고 큰 나무
乙卯	陰木	초림 (草林)	굽고 작은 나무
丙午	陽火	태양 (太陽)	태양의 빛과 열
丁巳	陰火	등촉 (燈燭)	땅위의불 모닥불
戊辰戌	陽土	성원 (城垣)	넓은 광활한 땅
己丑未	陰土	전원 (田園)	작은 터전 전답
庚申	陽金	검극 (劍戟)	강하고 단단한 쇠
辛酉	陰金	주옥 (珠玉)	작고 약하고 유한 것
壬子	陽水	강호 (江湖)	바다 큰 호수
癸亥	陰水	우로 (雨露)	시냇물 보슬비 이슬

◎ 오행의 왕쇠(五行의 旺衰)

木 봄에 가장 왕 하다. 寅 卯 辰 1. 2. 3 월

여름에 쇠하다. 巳 午 未 4. 5. 6 월

가을에 약하다. 申 酉 戌 7. 8. 9 월

겨울에 성하다. 亥 子 丑 10. 11. 12 월

火 여름에 가장 왕 하다. 巳 午 未 4. 5. 6 월

가을에 쇠 하다. 申 酉 戌 7. 8. 9 월

겨울에 가장 약하다. 亥 子 丑 10. 11. 12 월

봄에 성하다. 寅 卯 辰 1. 2. 3 월

土 辰 戌 丑 未 월에 가장 왕 하다.
　　辰은 3 .4. 5 월 왕성하다.
　　未은 6. 7. 8 월 왕성하다.
　　戌은 9. 10. 11 월 왕성하다.
　　丑은 12. 1. 2 월 왕성하다.
　　土는 봄에 가장 약하다.

金 가을에 가장 왕성하다. 申 酉 戌 월 7. 8. 9 월
　　겨울에 성하다. 亥 子 丑 월 10. 11. 12 월
　　봄에 쇠하다. 寅 卯 辰 월 1. 2. 3 월
　　여름에 가장 약하다. 巳 午 未 월 4. 5. 6 월

水 겨울에 가장 왕성하다. 亥 子 丑 월 10. 11. 12 월
　　봄에 약하다. 寅 卯 辰 월 1. 2. 3 월
　　여름에 가장 약하다. 巳 午 未 월 4. 5. 6 월
　　가을에 성하다. 申 酉 戌 월 7. 8. 9 월
　※ 오행 왕 쇠를 알려면 암기해 두어야 한다.

◎ 지지(地支) 장간법(藏干法)

장간이란 12지 속에는 천간이 감추어 저 있다.
12지는 열두 달과 같으니 24절기와 밀접한 관계가 있으니 그 원리는 기상학적 해석으로 풀이하게 된다.
하늘은 가볍고 맑은 기(氣)요.
땅은 무겁고 탁한 질(質)이다.

천간을 천원(天元)이라하고 지지를 지원(地元)이라 하며 지장간을 인원(人元)이라 하여 이 셋을 천인지 천지인(天地人)삼재(三才)라고 한다. 지장간에는 여기(餘氣) 중기(中氣) 정기(正氣)가 있는데 1개월 30일간의 기후(氣候)의 변화를 셋으로 나누어 놓은 것이다.

◉ 여기(餘氣) : 전월의 기운이 남은 것이고.
◉ 중기(中氣) : 여기와 중기의 중간기운의 뜻이며.
◉ 정기(正氣) : 지지오행의 본 기운을 뜻하는 것이다.

月	1	2	3	4	5	6	7	8	9	10	11	12
地支	寅	卯	辰	巳	午	未	申	酉	戌	亥	子	丑
여기	戊7	甲10	乙9	戊7	丙10	丁9	戊7	庚10	辛9	戊7	壬10	癸9
중기	丙7		癸3	庚7	己9	乙3	壬7		丁3	甲7		辛3
정기	甲16	乙20	戊18	丙16	丁11	己18	庚16	辛20	戊18	壬16	癸20	己18

즉 地支의 寅月을 살펴보자 寅의 支藏干에는 戊7 丙7 甲14 이라는 天干이 암장 되었다. 寅은 1월에 해당하므로 전월 12월의 土氣가 남아서 寅의 여기로 戊土가 되고 寅에는 丙火가 (12운성법)에 의하여 長生이 되므로 중기는 丙火가 되고 寅木은 甲木과 같은 陽木이므로 정기는 木이된다.

◎ 삼형살(三刑殺)

寅 巳 申 刑 ＝지세지형(地勢之刑)

丑 戌 未 刑 ＝무은지형(無恩之刑)

子 卯　　刑 ＝무례지형(無禮之刑)

辰 午 酉 亥 刑 ＝ 자 형(自 刑)

※ 이 살은 형액을 당하는 살이다. 관재. 구설. 배신. 수술. 충돌이 심한 살이다.

◎ 冲 殺(충 살)

子 午

丑 未

寅 申

卯 酉

辰 戌

巳 亥

※ 이 살이 있으면 평지풍파가 발생하는데 부부풍파 생사 이별 병액 관재 손재 실직 등 불상사가 발생한다.

◎ 파 살(破 殺)

子 酉

寅 亥

辰 丑

午 卯

申 巳

戌 未

※이 살은 이별 살이다. 년 월 파 부모 형제 이별 월일 파 부부이별 일시 파 자식 별 등 흉한일이 발생하는 살이다.

◎ 육해살(六害殺)

子 未
丑 午
寅 巳
卯 辰
申 亥
酉 戌

※ 이 살은 타인에게 피해를 당하며 칼 흉기에 상하고 동물에게 상하고 정신이 건전하지 않다.

◎ 원진살(怨嗔殺)

子 未
丑 午
寅 酉
卯 申
辰 亥
巳 戌

※ 이 살은 서로 미워하고 원망하는 살이다. 년월 부모이별. 일진 부부이별. 형제이별. 시지 자식이별. 서로 미워하며 원망하며 살게 된다.

◎ 백호살(白虎殺)

甲 辰
乙 未
丙 戌
丁 丑
壬 戌
癸 丑
戊 辰

※ 이 살은 피를 보는 살이다. 년월 백호 머리에 보쓰고 태
걸고 월일 어깨에 태걸고 태어난다.

　년 월 백호 부모 형제 횡사 일주백호 부부횡사 이별 시주
백호 자식횡사 이별 출생 시 순산불가 수술로 출산한다.

◎도화살(桃花殺)

(寅 午 戌) (申 子 辰) (亥 卯 未) (巳 酉 丑)
　卯　　　　酉　　　　子　　　　午

※ 이 살은 일지중심으로 보나 때로는 년지로 본다.
　남녀 공히 바람기가 많으며 일부종사 하지 못한다. 그러
　나 현실사회에선 이 살이 있음으로 하여금 외교에 능하
　고 친화하므로 크게 발전할 수 있을 것이다.

◎ 역마살(驛馬殺)

(寅 午 戌)　(申 子 辰) (亥 卯 未)(巳 酉 　丑)
　申　　　　　寅　　　　巳　　　　亥

※ 역마는 일지와 년 지로 본다.

역마살이 있으면 조별타향 하여 객지에 사는 살이다. 한 가지 일에 지속력이 약하고 직업이 자주 바뀌게 된다. 역마가 있으면 외교에 양호하다.

◎ 괴강살(魁罡殺)

庚 辰
壬 辰
戊 戌
庚 戌

※ 괴강은 모든 사람을 제압하는 강열한 살로 귀하고 부하며 인품이 출중하다.

남자 : 군인 검판 경찰 정치인 배짱이 좋고 미남이다.
여자 : 고집이세고 연예인 첩 과부 등 독신여가 많다.

◎ 천간충살(天干沖殺)

甲 庚
乙 辛
丙 壬
丁 癸
壬 戊
癸 己
庚 丙
辛 丁
戊 甲
己 乙

※ 이 살은 일명 칠 살이라고 한다. 신약사주에 이 살이 있으면 육신이 표시하는 대로 작용합니다.

◎ 양인살(羊刃殺)

甲	乙	丙	丁	戊	己	庚	辛	壬	癸
卯	辰	午	未	午	未	酉	戌	子	丑

※ 이 살은 형벌이 따르는 살로서 강열 황폭 성급하게 행동 하게 살이다.

◎ 천을귀인(天乙貴人)

甲戊庚	乙己	丙丁	壬癸	辛
丑未	子申	亥酉	巳卯	寅午

※ 사주팔자에 천을 귀인이 있으면 지혜가 있고 총명하며 흉이 변하여 좋아진다. 단 귀인이 형충파해 공망 하면 흉해진다.

◎ 천덕귀인(天德貴人)

寅	卯	辰	巳	午	未	申	酉	戌	亥	子	丑
丁	申	壬	辛	亥	甲	癸	寅	丙	乙	巳	庚

※ 천덕귀인은 월지로 보게 되는 것이다.

◎ 월덕귀인(月德貴人)

寅午戌	申子辰	亥卯未	巳酉丑
丙	甲	壬	庚

※ 월지로 월덕 귀인을 보게되는 것이다.
귀인 살은 궁합을 볼 때에 사주를 서로 대조하여보면 귀 인이 있으면 궁합이 좋아진다.

◎ 천록(天祿)

甲	乙	丙戊	丁己	庚	辛	壬	癸
寅	卯	巳	午	申	酉	亥	子

※ 천록은 日干으로 地支를 대조하여 보게된다.
사주팔자에 록이 있으면 팔자가 좋아지고 복록이 있게되는 것이다.

◎ 육신(六神)이란?

부모 형제 자녀 처를 육친이라 한다.
오행 상생 상극의 대명사를 육신에 비하여 자신과 이해관계를 구분하는 방법을 관리하게 한 것이 육신이다.

◎ 육신(六神)의 종류

비견 (比 肩)
겁재 (劫 財)
식신 (食 神)
상관 (傷 官)
편재 (偏 財)
정재 (正 財)
편관 (偏 官)
정관 (正 官)
편인 (偏 印)
인수 (印 綬)

◎ 육신표출 암기법

1. 比肩 者 兄弟 (비견 자 형제) 나와 같은 자는 형제이다.
   比肩 劫財
2. 我生 者 子孫 (아생 자 자손) 내가 낳은 자는 자손이다.
   食神 傷官
3. 我剋 者 妻財 (아극 자 처재) 내가 극하는 자는 처 재다.
   正財 偏財
4. 剋我 者 官鬼 (극아 자 관귀) 나를 극하는 자는 관이다.
   偏官 正官
5. 生我 者 父母 (생아 자 부모) 나를 낳은 자는 부모이다.
   偏印 印綬

◎ 육신 표출방법

日干으로 타 干支를 대조하여 육신을 표출한다.
比肩 : 일간과 오행이 같고 음양이 같은 것
劫財 : 일간과 오행이 같고 음양이 다른 것
食神 : 일간이 생하는 것으로 음양이 같은 것
傷官 : 일간이 생하는 것으로 음양이 다른 것
偏財 : 일간이 극하는 것으로 음양이 같은 것
正財 : 일간이 극하는 것으로 음양이 다른 것
偏官 : 일간을 극하는 것으로 음양이 같은 것
正官 : 일간을 극하는 것으로 음양이 다른 것
偏印 : 일간을 생하는 것으로 음양이 같은 것
印綬 : 일간을 생하는 것으로 음양이 다른 것

◎ 육신작용(六神作用)

비견 : 형제. 친우. 조카. 남편의 첩을 표시한다.

특성 : 분가. 양자. 독립. 이별. 분리. 등이다.

겁재 : 비견과 같고. 이복형제. 양자. 등을 표시한다.

특성 : 교만하고. 야망이 많고. 투기와 요행을 좋아한다.

식신 : 남자에게는 장인. 장모. 조카를 의미한다.
　　　여자에게는 자식 손자. 친정 조카를 의미한다.

특성 : 의식주풍부 소득. 복록. 자산. 가재. 명랑하고 활
　　　발하다.

상관 : 조모. 외조부를 의미한다.

특성 : 교만하고 타인을 얕보며 지속성이 약하고 주간 성
　　　이 부족하다.

편재 : 남자에게는 아버지와 첩 처의 형제를 표시한다.
　　　여자에게는 시부모와 손자를 의미한다.

특성 : 재복이 많은 것 같으나 모이지 않고 뜬재물이다.

정재 : 남자에게는 백부. 백모. 처와 재물을 표시한다.
　　　여자에게는 시어머니를 표시한다.

특성 : 명예. 번영. 자산. 신용. 복록. 신의가 있다.

편관 : 일명 칠살 이라고 한다. 남자에게는 아들. 사촌
　　　형제를 의미한다.
　　　여자에게는 정혼 외의 남자와 표시하며 정숙하지
　　　못하다.

특성 : 병권. 투쟁. 권력. 두목. 협객. 대귀. 대부를 표시한다.

정관 : 남자에게는 자식과 조카를 의미한다.
여자에게는 남편과 조카를 의미한다.

특성 : 품행이 단정하고 재주가 있으며 어른을 존경하고
신용이 있다.
편인 : 남녀공이 계모와 유모를 의미한다.
남자에게는 첩의 부모형제를 표시한다.
여자에게는 어머니의 형제를 표시한다.
특성 : 파재. 실권. 병재. 이별. 고독. 박명. 색난. 등 무
위도식이라 한다.
인수 : 남자에게는 어머니와 장모를 표시한다.
여자에게는 시어머니 사촌형제를 표시한다.
특성 : 지혜. 학문. 총명하고 편업에 종사하라.

◎ 십이운성(十二運星)
장생(長生)
목욕(沐浴)
관대(冠帶)
건록(建祿)
제왕(帝旺)
쇠(衰)
병(病)
사(死)
묘(墓)
절(絶)
태(胎)
양(養)

◎ 십이 운성을 사주팔자에 붙이는 법

日干을 기준으로 표출한다.

甲은 寅에서 건록하여 순행한다.

乙은 卯에서 건록하여 역행한다.

丙戊는 巳에서 건록하여 순행한다.

丁己는 午에서 건록하여 역행한다.

庚은 申에서 건록하여 순행한다.

辛은 酉에서 건록하여 역행한다.

壬은 亥에서 건록하여 순행한다.

癸는 子에서 건록하여 역행한다.

※ 십이 운성은 그 영양력이 육신에 비하면 약하다.

육신과 결합하여 운명을 감정한다.

건록 제왕 장생 은 대길하고 관대 목욕 태 양 은 평하며
쇠 병 사 묘 절 은 흉하다.

길신이 흉신을 만나면 평하고 흉신이 길신을 만나면
하다. 흉신이 흉신을 만나면 대 흉하다.

(예)

시	일	월	년
壬申	甲寅	戊子	乙酉
절		목욕	태
	건록		

◎ 용신 및 격국

사주 추명학에 있어서 운명감정의 중추적 작용을 하는 것은 사주상의 오행의

조화 여부를 보고 운명의 길흉을 판단하는 방법이다.

강약(强弱)

사주를 감정함에 있어 오행의 조화 여부를 보아 육신 12 운성 제살 제합을 살펴

강약을 정한다음 용신을 정하여 운명을 감정한다.

◎ 용신을 찾으려면!

강약을 먼저보고 추운지 (寒) 더운지 (暖) 온도를 보고 메마른지(燥)습한지(濕) 살핀다. 병들어있는 놈을 찾아내고 싸움질하는 놈을 뜯어말리며 기운이 쎈 놈은 건드리지 말고 놓아두라.

즉 강약(强弱)

한난조습(寒暖燥濕)

병약(病弱)

통관(通關)

전왕(專旺)

이와 같은 공식으로 사주팔자를 살피고 그 형태를 정하여 용신을 정하는데

그 용신의 이름과 그 종류는 다음과 같다.

◎ 억부용신(抑扶用神)

억부용신이란?

日干을 중심으로 月支를 살피고 주변 세력을 분석하여 사주가 身强인지 身弱

인지를 가리여 신약이면 일간을 도와주고 신강이면 일간을 억류시키는 육신을

선택하는 것을 억부 용신이라 한다.

강자억 약자부(强者抑 弱者扶)

강한자는 누르고 약한 자는 도와주라.

◎ 强강의 구분공식

득령(得令) 월지가 인성이나 비겁일 때 (월지를 얻으면 득령)

득지(得支) 일지가 인성이나 비겁일 때(일지를 얻으면 득지)

득세(得勢) 세력이 인성과 비겁이 네 개 이상 있을 때 (세력을 얻으면 득세)

◎ 弱 약의 구분공식

쇠령(衰令) 月支가 官星이거나 食傷일 때

쇠지(衰支) 日支가 관성 식상 재성일 때

쇠세(衰勢) 세력이 관성이거나 식상 재성이 네 개이상 일 때

◎ 신강(身强) 사주
 (예)

時	日	月	年
壬	甲	壬	癸
辰	子	寅	亥

得令 (○) 비견
得支 (○) 정인
勢力 (○) 인성 4개

이 사주는 득령 득지 득세하여 신강의 사주팔자이다.

◎ 신약(身弱) 사주
 (예)

時	日	月	年
壬	己	庚	庚
辰	酉	寅	申

月支 (×) 정관
日支 (×) 식신
勢力 (×) 상관 3 정재 1

이 사주는 쇠령 쇠지 쇠세 하여 최 약의 사주팔자이다.

◎ 신강 용신

사주팔자가 신강이면 그 다음은 용신을 찾아야한다.

이 강한 사주를 억제하여야 하는데 극으로 억제할 것인
가 설기를 시켜서 억제를 할 것인가. 즉 관살로 직접적
억제하는 것과 식상으로 기운을 빼는
간접적으로 억제하는 것이 있다.

관살로 억제하면 직접적으로 확실한 陽적인 억제이고. 식
상으로 억제하는 것은 간접적 방법으로 陰적이된다.

◎ 신강 사주 용신
(예)

時	日	月	年
辛 卯	丙 辰	乙 巳	壬 辰

월지 (○) 비견 　　※壬水　用神

일지 (×) 식신

勢力 (○) 정인 2

이 사주팔자는 득령 득세하여 신강 사주이다. 억제하는 편관
이 년간에 있고 설기하는 식신이 일지와 년지에 있다.

이때는 년지의 辰土로 用神을 정할 수도 있다. 즉 辰中에는
乙癸戊가 있고 天干에 壬水를 뒤집어쓰고 있기 때문에 사주

를 신강하게 하는 본분인 월지의 巳화가 희신이 되기 때문에
중강한 이 사주를 설기로써 균형을 이룰수 있기 때문이다.

그러나 일간이 시간 정재와 丙辛合水됨을 유념하여야한다.
외적으로는 신강하나 내적으로는 신약하다. 이럴 때는 신강
의 본분인 月支를 장악하는 천간 壬水를 용신으로 정한다.
이 편관의 용신은 외적인인 신강에도 극을하여 억제가되고
내적으로는 일간 합수되어 신약에도 비견 이 되어 도움을 준
다. 이 편관 용신은 일석이조의 일을 하는 셈이다.

◎ 신약 용신

약자의부(弱者宜扶)

약한자는 도와주라는 것이다.

먼저 사주가 무엇 때문에 약해 졌는가를 살펴보고 그 약
해진 원인에 따라

인성으로 도움을 줄 것인지 비견으로 도움을 줄 것인지
를 정해야 하는 것이다.

◎ 신약사주 용신

(예)

時	日	月	年
丙 辰	癸 卯	戊 申	壬 辰

月支 (○) 정인　　※ 申金 . 用神
日支 (×) 식신
勢力 (×) 정관 3　정재 1

이 사주는 월지는 득령이나 일지가 쇠지가되고 세력이 쇠
세하여 신약 사주가
되었다. 그러나 신약 사주로 보고 자세히 관찰하지 않으면
겁재가 용신이 된다.
신약의 원인이 일지의 식신이 기운을 빼서가고 정관의 극
이 심한 것이 원인이
되었다. 나를 도울수 있는 것은 월지의 인수와　년간의 겁
재뿐이다.
년간의 겁재도 일간과 같이 시달림을 받게되며 단지 월지
인수의 도움을 받을　뿐이다. 그러하므로 겁재는 용신으
로는 미약하다. 월지 申金에게 힘을 실어주어 인수을 용신
으로 정한다. 인수용신은 일간의 기운을 설기 시키던 일지
의 식신을 극해주고 일간을 괴롭히던 정관들이 용신을 돕
는 회신으로 변하게 된다.

◎ 조후용신(調候用神)

세상만물이 暖燥 (난조) 및 寒濕(한습)의 조화에 의하여 이루어지듯이 사주도

난조 한습의 조화가 필요하다. 따라서 사주가 과하게 한습 하거나 난조하면 한.

난. 조. 습을 조화시키는 육신이 용신이 된다.

寒暖(한난) 은 대기의 오도이며. 燥濕(조습) 은 땅의 습도 라고 할 수 있다.

사주가 추워도 신약하면 인성을 먼저 찾아 인성을 용신으 로 하고. 인성이 없으면

火를 용신으로 한다.

사주가 너무 덥고 건조하면 조후 법에 따라 습하고 차겁 게 하는 것이 용신이다.

◎ 신강 조후 용신
  (예)

時	日	月	年
甲	甲	壬	丁
子	申	子	亥

月支 (○) 정인   丁火 용신
日支 (×) 편관이나 반합이 되어 (○)
勢力 (○) 인성 3. 비견 1

이 사주는 신강이나 일간 갑목이 11월 추운 겨울에 태어나 얼어있고 일지와 세력모두가 한랭하다. 땅 바닥은 꽁꽁 얼어 냉기뿐 온기라고는 한 점도 없고 다 행이 년간에 정화가 있어 얼어 죽음을 면할 수 있다. 그러므로 정화가 용신이다.

◎ 신약 조후 용신

(예)

時	日	月	年
戊	甲	己	庚
辰	寅	丑	戌

月支 (×) 정재   用神 辰土
日支 (○) 비견
勢力 (×) 재성 4

이 사주는 중약으로 신약한 사주로서 일간 갑목이 축토인 12월에 태어나 매우 한 냉한 사주라 할수 있다.
사주의 방을 살펴보니 난로도 보이지 않고 썰렁하여 외풍이 심하다.

그러나 바닥의 윗목에 약간의 온기가 있기에 자세히 보니 년지 편재 암장에 정화의 기운인 것이다. 이 것으로는 얼어 죽어 가는 갑목을 살리기 힘들어 창고에 난로를 찾아보니 일지의 비견의 암장에 병화가 있다.
그러나 사주가 추워도 신약이면 인성을 용신으로 하고. 인성이 없으면 화를 용신으로 한다.

월지 정재 품에 정인 정관이 있고. 시지 편재 품에 겁재 정인이 있다. 갑목의 잎은 얼어죽더라도 뿌리를 튼튼히 내리고 땅의 수분을 공급받으면 명년의 봄을 기약할 수 있다.

그렇다면 시지의 편재가 제일 유력하므로 용신으로 정한다. 처음 용신으로 정하였던 일지의 비견 품에는 戊丙이 있어 甲木이 戊土에 뿌리를 내릴 것 같으나 이 戊土는 월지 정재 품의 癸辛에 戊癸合火로 변하고 丙辛 合水 되어 일간의 甲木이 뿌리를 내이지 못하므로 辰土가 용신이다.

◎ 병약(病藥) 용신이란?

신약 사주에 일주를 생조하는 육신이 있으나 이를 파극하는 육신이 있으면 이를 사주의 병이라 하고. 파극하는 육신을 억제하는 육신을 약이라 한다. 병이 있는 사주는 약이 용신이다.

그러나 병이 있으면 치료할 약이 있으며 단장은 운의 흐름에 따라 치료의시기를 얻어 약을 얻게 될 수도 있고 병이 악화될 수도 있다.

◎ 병약 용신

(예)

時	日	月	年
戊	丙	辛	丙
子	子	卯	申

日支 時支 子水는 日干의 病

월지 용신 卯 는 病.

년지 용신 申 藥.

時간 戊土가 용신이다.

月支 (×) 월지 인수 ○ 병신 합수 水生木

日支 (×) 정관

勢力 (×) 정관 2 丙辛 兩合水

이 사주는 신약 사주가 된다.

日干의 丙火에는 관성이 病이 된다. 어머니가 병이드니 자식이 약을 구해 치료 하게 되니 시간 食神인 戊土가 용신이 된다. 월지의 묘는 일간에는 인수가 되지만 식신인 무토에는 정관이며 기신이 되어 신에 病이되는 것이다. 용신의 치료 藥은 년지의 편재인 申金이 藥이 된다.

◎ 통관(通關)용신

통관이란 서로 대립하는 육신의 그 강약이 비슷할 때에는 두 육신간을 오행 생원리에 의하여 소통시키는 육신이 용신이 될 때가 있다.

◎ 통관용신

(예)

時	日	月	年
己	庚	戊	乙
未	子	寅	卯
丁	壬	戊	甲
乙		丙	
己	癸	甲	乙

月支 (×) 편재　　戊癸合 火
日支 (×) 상관
勢力 (○) 인성　　甲己合 土

月支 편재를 극하느라 기운이 쇠퇴 해져서 득령하지 못하고 日支 상관을 도우며 설기되어 득지하지 못하며 세력(勢力) 인성인 부모에게 보호받아 득세하였다.

종합해보니 이 사주는 신약이다.
일지의 상관 자수가 엄마 寅목을 (친정어머니) 설득하여 할머니 (土)와 대립 (木剋土)을 화해시킨다.
子수 품의 癸와 寅목 품의 戊와 戊癸合 火하여 대립하는 木 사이에 끼어들어 木生火 火生土로 만든다.

둘째(예)

時	日	月	年
庚	丁	丁	己
子	巳	卯	未

이 사주는 월지의 인성과 시간의 재성이 서로 대립되어 있다. 인성은 월지를 차지하고 또 卯未가 삼합하여 왕성하다. 시간의 재성 역시 己土에 의하여 생하여지고 子水의 호위를 받아 왕성하다. 고로 용신은 관성 子水이다.

◎ 전왕(專旺)

사주의 오행이 어느 일방으로 편중되어 그 세력이 극히 왕성하여 억제하기 곤란한 때에는 그 세력에 순응하는 육신이 용신이다. 從格(종격) 화격(化格) 外格(외격)에 속하는 사주는 모두 같다.

◎ 專旺의 종류

전왕의 종류를 크게 분류하면 다음과 같다.
◎ 종격(從格)
◎ 일행득기격(一行得氣格)
◎ 화기격(化氣格)
◎ 양신성상격(兩神成象格)

1. 從格 강약으로 분류
  종왕격(從旺格) : 비견 겁재가 많을 때
  종강격(從强格) : 편인 인수가 많을 때
  종아격(從兒格) : 식신 상관이 많을 때
  종재격(從財格) : 편재 정재가 많을 때
  종살격(從殺격) : 편관 정관이 많을 때
  종세격(從勢格) : 日干을 剋하는 氣運이 세력을 이룬 때

2. 一行得氣格 종류 한가지 오행으로 형성
  곡직격(曲直格) : 木 日干에 전부 木만 있을 때
  염산격(炎上格) : 火 日干에 전부 火만 있을 때
  가색격(稼穡格) : 土 日干에 전부 土만 있을 때
  종혁격(從革格) : 金 日干에 전부 金만 있을 때
  윤하격(潤下格) : 水 日干에 전부 水만 있을 때

3. 化氣格 합 관계로 분류
  화토격(化土格) : 日干이 甲己合에 土가 많을 때
  화금격(化金格) : 日干이 乙庚合에 金이 많을 때
  화수격(化水格) : 日干이 丙辛合에 水가 많을 때
  화목격(化木格) : 日干이 丁壬合에 水가 많을 때
  화화격(化火格) : 日干이 戊癸合에 火가 많을 때

 4. 양신성상격(兩神成象格) : 두가지오행으로 형성
  목화상생격(木火相生格) : 木火로 이루어진 사주.
  또는 청적부자(靑赤父子)
  화토상생격(火土相生格) : 火土로 이루어진 사주.

또는 화토협잡(火土挾雜)

토금상생격(土金相生格) : 土金으로 이루어진 사주

금수상생격(金水相生格) : 金水로 이루어진 사주

◎ 종격(從格) 해설

종격은 전왕 법에 가장 많은 사주에 속한다.

종왕격(從旺格)

종강격(從强格)

종아격(從兒格)

종재격(從財格)

종살격(從殺格)

종세격(從勢格)은 여섯으로 분류한다.

◎ 종왕격(從旺格)이란?

비견 겁재가 많은 사주를 종왕격 이라 한다.

특히 전왕의 현상을 띠고 있으나 식상이 있으면 신왕해

서 신왕을 用한 것과 같다.

그러므로 식상이 없어야 종왕이 된다.

◎ 종왕 사주

(예)

時	日	月	年
壬	己	戊	丙
戌	巳	戌	戌

이 사주는 日干 土에 같은 土가 4개가 있고 火가 2개 水가 1

나로 일간이 旺하다.

겹재가 월을 장악하고 주위에 겹재가 3개있으며 년간 일지에 인성이 비겹을 생하으로 종왕격 사주이다. 시간의 정재는 세력에 억눌려 토다 수 멸 (土多水滅) 즉 흙이 지나치게 많으면 물이 말라버린다. 편인 인수로 이루어진 사주를 종강격 이라 한다.

◎ 종강격(從强格)

(예)

時	日	月	年
丙	己	丁	戊
寅	巳	巳	午

이 사주는 日干 土에 같은 土가 1개있고 火가 5개 木이 1나로 일간이 인성으로 인하여 왕 하다. 정인이 월을 장악하고 주위에 인성이 4개있으며 시지에 정관이 있으나 인성을 생조하므로 종강격 이다.

◎ 종아격(從兒格)

식신 상관으로 이루어진 사주를 종아 격이라 한다.
종아격 사주에는 재성을 살펴보아야 한다. 재성이 있으면 사주가 더욱 좋아진다.

(예)

時	日	月	年
丙	癸	壬	丁
辰	卯	寅	卯

이 사주는 식상인 木이 3개인데 丁壬合木을 이루어 식상이 많아 日干이 식신으로 인하여 약해있어 자식을 위해서 살아 가리라 작정한 종아격 사주가 되어 木이 용신 이다.

이 사주에 재성이 2이 있는데 년간 편재인 정화는 합이 되었고 시간 정재인 병화는 용신의 자식이 되어 아들을 위해서 몸과 마음을 다 바쳐 자식에게 희생하고 자식에게 의지하니 손자를 보게 되었다.

◎ 종재격(從財格)

편재 정재로 이루어진 사주를 종재격 이라 한다.

최고로 약한 상태에서 재성이 많으면 종재격이 된다. 종재격 사주는 식상 인성 비겁의 상태를 잘 관찰하여야 한다.

인성이 있으면 종재를 이루는데 심란하다.

식상이 있으면 종재를 부드럽게 이룬다.

비겁이 있으면 종재를 이루는데 갈등이 심하다.

인성 식상 비겁의 合化로 사주의 질이 달라진다.

(예)

時	日	月	年
壬	己	壬	壬
申	酉	子	午

이 사주는 재성이 4개이고 인성이 하나이며 식상이 둘인 종재격 사주이다. 앞에서 열거한 내용이 기억난다.

인성이 있으면 종재를 이루는데 심란하다.

식상이 있으면 종재를 부드럽게 이룬다.

인성 식상 비겁의 合化로 사주의 질이 달라진다.

日干 己土가 심약하여 재성으로 종재 하고자 하는데 년지의 부모가 마음에 걸리어 심란해진다. 그러나 식상인 자식을 둘을 두었는데 시지의 상관인 申金이 월지 편재 인 子와 申 子 半 合 水 局을 이루고 일지의 식신 酉金이 자식이 된다.

재성은 남자에게는 아내가 되므로 인성인 부모를 멀리하고 자식을 둔 아내를 선택 하게 된다.

◎ 종살격(從殺格)

편관 정관으로 이루어진 사주를 종살 격이라 한다.
  " 眞從(진종) 완벽한 종살격 "
  " 假從(가종) 미비한 종살격 "
종은 사주전체가 관성이나 식상이나 재성이 약간 있으나 힘이 설기 되어 日干이 전혀 힘을 얻을곳이 없으면 진종이 된다. 가종은 사주에 관성이 많으나 인성과 비겁이 있어 일간이 약간의 힘을 얻고 있 면 가 종격이 된다.

(예)1

時	日	月	年
甲	壬	己	戊
辰	辰	未	戌

이 사주는 완벽한 진종으로 종살격 사주이다.

(예)2

時	日	月	年
乙	壬	辛	己
巳	戌	未	丑

이 사주는 관성이 많으나 인수 상관 편재가 각각 하나씩 있어 완벽한 종살격이 되지 못하고 가종 사주이다.

◎ 종세격(從勢格)

종세격이란? 인성이나 비겁이 매우 허약하고 일간을 극하는 세력이 많은 사주를 종세격 이라 한다.

(예)

時	日	月	年
庚	乙	己	甲
辰	酉	巳	午

이 사주는 월지 일지 세력을 전부을 얻지 못하여 너무 신약한데 그 신약의 원인이 한 가지의 육친으로 된 것이 아니라 주위 세력에 의한 것이므로 종세격이 된다.

◎ 득기(得氣)일행해설

일행 득기란 ? 한가지 오행이란 말이다.
전왕격 종왕격과 비슷하나 종왕격은 몇 개의 다른 오행이
섞여있으나 일행득기격은 한 오행으로 모여 있다. 즉 일간
과 같은 오행의 氣만 얻음을 말한다.

◎ 곡직격(曲直格)

사주의 일간이 목이며 전체가 목으로 이루어진 것이다.
나무의 형상이 곧게 뻗침과 구부러진 것을 뜻한다.

◎ 곡직격이란?

(예)

時	日	月	年
乙	甲	乙	癸
亥	寅	卯	卯

이 사주의 年干 癸水는 일간을 더욱 강하게 하고 시지
亥水는 寅亥合 木을 이루어 곡직격이 된 것이다.

◎ 염상격(炎上格)

사주의 日干이 火이며 전체가 火로이루어진 것이다.
불위에 불이 이글거려 염상격 이라 한다.

(예)

時	日	月	年
丙	丁	甲	丙
午	巳	午	午

이 사주는 월간의 甲木은 木生火 하여 火의 기운을 더욱
강하게 도와주고 있어 확실한 염상격 이다.

◎가색격(稼穡格)

사주의 일간이 土이며 전체가 土로 이루어진 것이다.

(예)

時	日	月	年
己	戊	戊	己
未	辰	辰	丑

이 사주의 모두가 土로 이루어져 확실한 가색격 이다.
흔하고 많은 사주가 아니다.
이런 사주는 地支의 암장을 잘 살피어 그 움직임에 유의
하여 사주를 풀어가야 한다.

◎ 종혁격(從革格)

사주의 일간이 金이며 전체가 금으로 이루어진 사주를
종혁격 이라 한다.

(예)

時	日	月	年
庚	庚	乙	庚
辰	申	酉	辰

이 사주는 잘못 보면 종왕격으로 볼 수 있으나 자세히 관찰하여 합의 작용을 보면은 종강격이 아님을 알 수 있다.

月干乙은 乙庚合이 된다.

年支辰은 辰酉合金이 된다.

時支辰은 酉와의 합은 거리가 있으나 합의 영양이 있고 그 보다 土生金으로 더욱 金을 강하게 도와주고 있음으로 종혁격이 확실하다.

◎ 윤하격格(潤下)

사주의 일간 水이며 전체가 水로 이루어진 것이다.

(예)

時	日	月	年
庚	壬	壬	壬
子	子	子	申

이 사주는 년지 申金과 時干의 庚金이 있다.

년지 申金은 월지 子水와 半合水를 이룬다.

시간 庚金은 金生水하여 水를 강하게 돕는다.

확실한 윤하격 이 된다.

◎ 화격(化格)

화격에도 종살격에서 진종과 가종이 있듯이
가화격(假化格) : 이 있다.
진화격(眞化格) : 진화격의 전제 조건이 충족 된 것
가화격(假化格) : 진화격의 전제 조건이 부족 된 것
화격의 전제 조건은 다음과 같다.
日干과 合이 되어야 한다.
甲己合土는 월지에 辰戌丑未이 있어야 하고
乙庚合金은 월지에 巳酉丑申이 있어야 하며
丙辛合水는 월지에 申子辰亥이 있어야 하고
丁壬合木는 월지에 亥卯未寅이 있어야 하며
戊癸合火는 월지에 寅午戌巳가 있어야 한다.

◎ 甲己 化土

(예)

時	日	月	年
戊	甲	己	庚
辰	寅	丑	戌

이 사주는 甲일간이 월간 己와 합을 이루었다.
월지에 甲己합토의 오행과 같은 丑토가 있다.
化土한 기운이 시간 戊土가 있다.
화토한 오행이 戊丑辰己戌로 사주에 다섯 개가 있다.
甲일간이 己와 합화토가 되었다.

화기한 토를 극하는 木이 일지에 있다.

그러나 寅목의 정기가 甲이고 丑의 정기가 己이다.

하므로 甲己 암 합하여 완벽한 化格 사주이다.

◎ 乙庚 化金格

乙일간에 庚금합이나 庚일간에 乙목합으로 化金이된 사주를 化金格이라 한다.

(예)

時	日	月	年
庚	乙	庚	戊
辰	酉	申	申

◎ 辛 化水格

丙일간에 辛합이나 辛일간에 丙합으로 化水가 된 사주를 화수격 이라 한다.

(예)

時	日	月	年
壬	丙	辛	壬
辰	午	亥	子

◎ 丁壬 化木格

丁일간에 壬합이나 壬일간에 丁합으로 化木이된 사주를
化木格이라 한다.

(예)

時	日	月	年
丁	壬	乙	戊
未	寅	卯	寅

◎ 戊癸 化火格

戊일간에 癸합이나 癸일간에 戊합으로 化火가 된 사주를 化火格이라 한다.

(예)

時	日	月	年
丁	戊	癸	丙
巳	子	巳	午

◎ 양신성상격(兩神成象格)

양신성살격 이란 ?

사주가 두 오행으로 이루어 졌으며 상생으로 이루어진 사주를 말한다.

木火相生格 : 木火로 이루어진 사주. 靑赤父子(청적부자)

火土相生格 : 火土로 이루어진 사주. 화토협잡(火土挾雜)

土金相生格 : 土金으로 이루어진 사주.

金水相生格 : 金水로 이루어진 사주. 金白水淸(금백수청)

水木相生格 : 水木으로 이루어진 사주. 水木淸奇(수목청기)

◎ 木火相生格

오행이 목화로 이루어진 사주를 木 火 상생격 이라 한다.

(예)

時	日	月	年
丙	甲	甲	丙
寅	午	午	寅

◎ 火土 상생격

오행이 화토로 이루어진 사주를 火 土 상생격 이라 한다.

(예)

時	日	月	年
戊	戊	己	己
午	午	巳	巳

◎ 土金 상생격

五行이 土金으로 이루어진 사주를 土 金 상생격 이라 한다.

(예)

時	日	月	年
庚	庚	庚	庚
辰	辰	辰	戌

◎ 金水 상생격

　오행이 금수로 이루어진 사주를 금수 상생격 이라 한다.

(예)

時	日	月	年
辛	壬	庚	辛
亥	申	子	亥

◎ 水木 상생격

五行이 수목으로 이루어진 사주를 水 木 상생격 이라 한다.

◎ 정신기(精神氣)

사주가 좋으면 정신기 삼자가 충족되어야 한다.
精이란 일간을 생조하는 육신을 말하고 神이란 일간을 극하
는 육신을 말하며 氣는 일간과 동기인 비겁을 말한다.
사주가 길하려면 정이나 기만 충족해도 안되며 신만 왕성해
도 안 된다.
정신기 삼자를 균등하게 구비하여야 한다. 정만 왕성하면 사
주가 비대해지고 기만 왕성하면 유통이 되지 않아 답답하고
신만 왕성하면 유약해진다.
반면 정이 부족하면 사주가 신약이 되고 기가 부족하면 부귀
하지 못하고 신이 부족하면 사주가 무용지물이다.

(예)

時	日	月	年
甲	甲	乙	甲
子	子	亥	子

(예)

時	日	月	年
戊	丙	甲	癸
戌	寅	子	亥

이 사주에서 丙화를 생하는 甲목이 정이다. 목은 癸子水를 만나 생조 되어 왕강하다. 고로 정이 왕성하다. 戌과 寅의 지장간에 丁. 丙 火가 있으니 기도 또한 충족하다. 戊가 화의 기운을 누출시키니 신이 되는데 戊토는 寅에 장생하고 戌에 통근 하니 또한 왕성하다.

그러므로 이 사주는 정신기 삼자가 모두 충족되었다. 그러므로 일생동안 부귀공명 장수하였다.

◎ 진가(眞假)

용신에는 진신과 가신이 있다.

진신은 사주의 오행 조화상 일주가 가장 필요로 하는 육신으로 용신을 삼는 것이고 가신은 진신이 없음으로 사주의 배합상 부득이 용신으로 삼는 육신을 말한다.

가령 甲목이 寅월에 출생하고 신왕이면 丙화를 용신으로 삼아 秀氣를 유행시키는 것이 가장 적합하다. 그러나 사주에 식상은 없고 재관만 있을 때는 부득이 재관으로 용신을 삼아야 하는데 이때 재관은 가신이고 만일 사주에 식상이 있다면 이것은 진신이다.

(예)

時	日	月	年
丙	甲	戊	庚
寅	子	寅	寅

이 사주는 寅월생에 지지에 寅목 셋과 子수가 있어 신왕(身旺)이다. 왕성한 기운을 누출시키는 식신이 오행을 조화시키기 위해서 가장 필요하다.

따라서 시간의 丙화는 용신인 동시에 진신이다. 병화가 없었다면 戊토나 庚금을 용신으로 할 수밖에 없는데 그것은 가신이 된다.

이 사주는 진신과 가신이 모두 투출되어 있으나 丙화는 寅에 장생하고 寅월에 그 기운이왕성해 지므로 庚금에 비하여 월등하게 왕성하다. 비록 庚戊가신이 투출되어 있으나 진신이 왕성하므로 부귀하였다.

◎ 한신(閑神)이란?

사주상의 용신 외에 喜神 忌神 閑神이 있다.
희신은 : 용신을 생조하는 육신이고.
기신은 : 용신을 파극하는 육신이며
한신은 : 사주상 희신. 기신. 이외의 전 육신이 한신 이다.

예컨대 甲목이 용신이면 甲목을 생조 하는 水는 희신 이고.
甲목을 극하는 金은 기신이고 그 외의 火 土는 한신 이다.
한신은 용신을 생조 하거나 극하는 것이 아니므로 원래
사주의 길흉에 아무런 향을 주지 아니한다.

아무작용도 하지 아니하고 한가로히 있다는 의미에서 한
신이라고 한 것이다.
그러나 한신이 중요한 역할을 할 때가 있다.

즉 대운이나 세운이 용신을 파극하고 희신이 용신을 보호
하지 못할 때 한신이 대운 세 운을 억제하거나 합이되어
희신으로 변경시키거나 무해하게 만든다. 이때 한신은 희
신의 역할을 하게 된다.

(예)

時	日	月	年
辛	乙	癸	壬
巳	丑	丑	申

이 사주는 乙목 12월 생하고 丑중의 辛癸가 투출되어 있
어 사주가 소위 금한 수 냉하다. 고로 제살하기 위해서나 조
후를 위해서나 용신은 시지의 巳화가 된다.

木火 대운은 계속 양호하였으나 戊운은 토생금 하므로 관
살을 왕 하게 하여 흉운 이나 한신인 癸수가 戊癸합하여
발전의 일로에 있었으며 己대운에 化剋 하는 한신이 없어
일대 타격을 받았다.

◎ 유정무정(有情無情)

有情 유정 : 용신이 일간과 서로 가까이 있는 것
 無情 무정 : 용신이 일간과 서로 멀리 있는 것
 유정이면 부귀하고. 무정이면 노고가 많다.

(예)

時	日	月	年
丙 午	丁 丑	乙 巳	丁 酉

이 사주는 생월이 巳월화왕지절이고 비견 겁재가 여러 개 있어 화기가 맹렬하다.

년지의 酉금이 용신이나 그 거리가 너무 멀고 巳화가 그사이를 무정인 듯 보이나 년 월일지가 삼합하여 금으로 화하여 사주가 유정하게 되었다.

錦上添花 (금상첨화)로 일지의 습토인 丑이 자리잡아 晦火生金 (회화생금)하여 사주가 대길하다.

◎ 기반(羈絆)이란?

사주상 간합이 있어 그것이 희신으로 화하면 길해지고 기신으로 화하면 재해가 따른다. 합이 되었으나 희신이나 기신으로 화하지 못한 것이 있다.

이때 합이된 두 간중 陰간은 그 작용을 못하게된다. 이를 기반이라 한다. 이 기반이 된 간은 그 본래의 오행으로서의 사명을 망각하고 합을 탐욕 한 것인데 이와 마찬가지로 사주 중의 용신 또는 희신이 기반이 되면 그 사주의 숙명도 한평생 큰일 한번 못해보고 무위도식으로 보내게 된다.

(예)

時	日	월	年
丙	戊	庚	乙
辰	辰	辰	未

일주가 왕성하고 년간의 乙목이 未토에 뿌리를 내리고 辰
중에 여기 乙목이 있음으로 乙목이 용신이다. 그러나 그 사
명을 망각하고 庚금과 간합하여 그 작용을 못하고 있다.
이와 같은 것을 기반이라 한다.

◎ 응용(應用)

육친해설(六親解說)사주팔자로 오대조 및 오 대손 의 길흉까
지 알수 있다고 하나 실제상 정확하게 알 수 있는 것은 조부
모. 부모. 형제. 처첩. 자식. 손자. 정도이다.
甲목을 생하는 것은 水이므로 癸수 즉 인수를 어머니로
보고 癸와 간합하는 戊癸토 즉 편재를 아버지로 본다. 그
것은 간합을 배합 즉 결혼으로 보기 때문이다.

甲목과 간합하는 것은 己토 즉 정재로 정재는 처로 본다.
여자는 남자와 반대로 정관을 남편으로 보고. 편관을 간부
로 본다. 남자는 관살을 자식으로 보고 여자는 식신 상관
을 자식으로 본다. 이것은 자기가 생한 것으로 자연의 이
치와 같다. 이와 같은 이치로 오행상 동기인 비견. 겁재를
형제로 본다.

◎ 육친을 사주상 위치로 표시하는 방법

년 주 : 조상. 조부모로 의미한다.
월 주 : 부모를 표시하고. 형제 및 가정. 친우를 표시한다.
일 주 : 일지는 배우자를 표시한다.
시 지 : 자손을 표시하고 말년의 길흉을 표시한다.

◎ 조상(祖上)

조상의 길흉은 년 지에 의하여 판단되는데 년주에 있는 관살로 판단된다. 그것은 인수는 어머니를 의미하고 때로는 부모도 의미한다.

부모을 낳은 것은 조부모이므로 인수를 생하는 것은 관살이다. 일주가 자기를 표시하므로 년주는 자기의 년장을 의미한다.

년주뿐 아니라 월주있는 관살로도 조부모도 볼 수 있다. 년간에 재관 및 인수 천을귀인이 있으면 조상이 부귀했으며 제왕이 있으면 명문의 자손이다.

년간이 천을귀인 장생을 만나면 조상에게 영화가 있다.
년주에 편관 겁재 편인 양인 등이 있으면 조상이 이름 없으며 사. 묘. 절형충이 있으면 조상 덕이 없다.

(예)

시	일	월	년
戊	甲	甲	癸
辰	辰	寅	酉

이 사주는 년주에 인수 정관이 있어 조상이 부귀했다.
사주 전체가 재약 신왕격이므로 戊辰토가 용신인데 월주의
甲寅목이 파극하고 있으나 酉금이 이를 억제하고 있어 용신
무진토를 유출시켜 사주상의 탁가를 제거하고 있다.
년지의 정관이 계수를 생조 하고 계수가 갑목을 생조 하여
조상이 대귀하였다.

◎ 父母덕 있는 사주

부모 덕은 년 월주와 편인 인수가 사주에서 어떤 역할을 하느냐에 의하여 정해지는데 정. 인수. 재성이 년 월 주에 있고 이것이 길신인 경우 초년 대운 및 세운이 길신이면 부모덕이 있는 사주팔자이다.

년주에 재성 월주에 인수가 있고 시주에 관살이 있을 때 인수가 길신이면 부모가
집안을 일으켰다.
년 월에 관살과 인수가 상생하고 일시에 재성과 상관이 없으면 부모덕이 있다.

(예)

時	日	月	年
丙辰	戊午	丁亥	乙卯

이 사주는 신강이므로 용신은 년주의 정관이고 희신은 월 지의 재성 이다. 이와 같이 용신 및 희신이 년 월에 있고 관인 상생하므로 부모덕이 있다.

◎ 부모 덕 없는 사주

관살이 길신 이고 월간에 상관이 있을 때.
재성이 길신 이고 월간에 겁재가 있을 때.
인수가 길신 이고 월간에 재성이 있을 때.
비겁이 길신 이고 월간에 관살이 있을 때.
식상이 길신 이고 월간에 인수가 있을 때.
인수가 용신과 상극 하거나 인수가 약하고 재가 강하거나
월지에 인수가 형 충 파

해 되면 부모 덕이 없다.
월지에 기신 이 있고 인수가 없으며 초년 대운에 기신을
만나면 조실부모한다. 월주에 재성 식상이 있는데 기신이
거나 재성이 길신이라도 비겁에 의하여 파극 되면 부모
유산이 없다.

(예)

時	日	月	年
壬	戊	癸	庚
子	寅	未	子

이 사주는 未월에 출생하여 戊토를 생하는 하절이다. 사주
에 재와 식상이 많아 신약이다. 초년에 재를 생하는 금운을
만나 부모덕이 없다. 27세후 화토 운을 만나 자수성가하였다.

◎ 부모 선망을 아는 법

주에 편재 또는 인수 가있을 때는 길신인가 회신인가 성에 의하여 파 극되어 있는가 형 충 파 해 되어 있는 절 묘 병 사 등에 동주하고 있는가?

재가 극 해되어있으면 부친이 선망이고 인수가 극해되 머니가 선망이다. 사주에 비견 접재가 지나치게 많으면 부 선망하고 재성이 지나치게 많으면 모선망한다. 년 월의 오 행간과 상극하면 부 선망하고. 시지와 상극하면 모 선망한다.

(예

時	日	月	년
癸 巳	辛 丑	甲 寅	戊 申

이 사주는 인수가 있으므로 인수의 성쇠에 의하여 부모 선망을 판단한다.

년간의 인수는 월주의 정재에 의하여 파극 되고 寅申상충 되어 모친이 선망이다.

◎ 형벌(刑罰)을 받을 사주

사주에 형 충이 있고 용신희신을 형 충 운에 형액이 있다.
일주가 신약하고 재성이 인수를 파 극하면 형 액이 있다.
상관이 정관을 파 극하면 형액이 있다.
일주가 약하고 관살이 혼잡 되면 형액이 있다.
사주팔자의 관살을 행운 세운이 파 극하면 형액이 따른다.
괴강이 사주에 많거나 양인이 있고 재성이 미약하면 형
액이 따른다.

(예)

時	日	月	年
壬	乙	癸	庚
午	丑	未	午

이 사주는 천간이 관인 상생하여 양호하나 지지가 전부
火土로 되어 천간의 인수 및 정관은 파극 당하고 있다
丙戌 大運은 火土가 성하는 대운이고 辛丑년 戊戌월은
삼형이 겹쳐서 형벌을 받았다.

◎ 처덕 있는 사주

정재는 처이고 편재는 첩이다. 정재가 없고 편재만 있는 사주는 편재를 처로 본다.

재성 용신 또는 희신이면 처덕이 있고 기신이면 처덕이 없다. 일지에 길신 이 있으면 처덕이 있다.

신왕 사주에 관살이 약하고 재성이 관살을 생조할 때 관살이 약하고 식상이 왕성하나 식상이 재로 化하게한 때 인수 편인이 많은 사주에 재성이 억제하면 처덕이 있다.

사주에 비겁이 많아도 재성이 지지에 있으면 처덕이 있다.

일지에 재성이 있고 재성이 길신이면 처재를 얻는다.

(예)

時	日	月	年
癸	丁	乙	丁
卯	酉	巳	未

巳월생 丁화에다

乙卯목이 일간을 생조하여 일주가 왕성하다.

시간의 癸수는 극히 미약하여 왕성한 화기에 위축 받으나 일지의 酉금이 생조하여 위기를 면하였다.

유년은 신고하나 癸卯대운에 처재를 얻어 壬寅대운에 급제 처덕이 있다.

◎ 처덕 없는 사주

재성이 기신이고 비겁에 의하여 파 극하면 처덕이 없다.
일지에 기신이 있거나 형 충 파 해 하면 처덕이 없다.
재성이 약하고 관살이 없으며 비겁이 많으면 극 처한다.
재성이 왕성하고 비겁이 사주에 없어 극 처한다.

양인 및 비겁이 많고 재성이 약하며 식상이 있으나 인성
이 파극 하면 처가 흉사 한다. 재성이 약하고 관살이 왕성
하고 식상이 없고 인성이 있으면 처가 병약하다. 신약하고
관살이 많으며 재성 또한 관살을 합세할 때 처덕이 없다.
사주에 재성이 없더라도 비겁 양인이 많으면 이별 아니면
처한다. 신왕 사주의 일지에 비견 양인이 있으면 처로 인
하여 손재 구설 있고 상처한다. 주에 간합이 많으면 처의
연이 반듯이 변한다.

(예)

時	日	月	年
甲	辛	己	丙
寅	卯	亥	子

사주에 식상 및 재성이 왕성하여 종재격인 듯하나 년 월
간이 관인 상생하여 己토가 辛금을 생 하므로 종 재하지
못하였다. 고로 식상 및 재성은 기신이 되는데 처자가 불
량 할 뿐 아니라 처의 성질이 표독 하며 극단적 이여서
자살하였다.

◎ 처가 부정한 사주

재성이 干合되고 목욕 도화와 동주되면 그 처가 부정하다. 사주에 비견과 정재 및 편재가 있고 재성이 도화 목욕과 동주하면 처가 부정하다.

사주의 희신이 재성인 재성이 간합 삼합 육합하여 다른 육신으로 화하면 처가부정하다. 정재와 편재가 다합하면 처첩이 많으나 있을 곳이 없다. 일지가 화개이고 충이되면 극처하지 않으면 처가 부정하다.

◎ 첩이 있을 사주

사주에 정재와 편재가 같이 있으면 첩이 있거나 재혼한다. 정재가 미약하고 편재가 왕성하면 첩이 본처 행세한다. 사주에 편재만 있으면 첩을두며 편재가 식신에 의해 생조 되거나 중첩되어 있으면 본처와 이혼한다.

사주에 재성이 많고 신약이면 첩을 둔다. 식신이 많으면 음탕하다.

지지에 子午卯酉가 전부 있으면 주색으로 몸을 망친다.

일지와 시지에 도화가 있으면 풍류 호색이다.

사주에 丁壬이 간합하고 합이 많으면 첩을 둔다.

사주가 습하면 음탕하다.

◎ 형제 덕 있는 사주

비견 겁재가 용신 희신에 해당되면 형제 덕이 있다.
관살이 왕성하고 식상이 있으며 인성이 약하면 형제덕이
있다. 비겁이 관살과 합이되어 관살의 기운이 약화되면
형제덕이 있다. 일주가 약하나 월지에 인수가 있으면 형
제가 많다. 비겁익 길신이고 건록과 동주하면 형제덕이
있다. 비겁이 장성과 동주하면 형제가 부귀하고 장생과
동주하면 형제 덕이 있다.

◎ 형제 덕 없는 사주

비겁이 기신에 해당하면 형제 덕이 없다.
관살이 약하고 식상이 왕성한 사주에 비겁이 있어 식상
을 생하면 형제로 인하여 피해를 본다.
관살만 왕성하고 인성이 없는 사주는 형제덕이 없다.
비겁과 일주가 상충하면 형제덕이 없다.
월주에 겁재가 천지성 공히 있으면 이복형제가 있다.
비겁이 사. 묘. 절. 목욕과 동주하면 형제 덕이 없다.

◎ 자식 덕 있는 사주

남자 : 관살이 자식을 의미하고
여자 : 식상이 자식을 의미한다.
사주의 재성은 처이고 재가 생한 것은 자식이기 때문이다.

일주가 왕성하고 관살이 생왕되고 식상의해 파극되지 않고 형충 되지 않으면 자식이 크게 번창한다.

일주가 왕성하고 인성이 없으며 식상이 약하고 관살이 있으면 자식이 많다. 일주가 약하더라도 관살이 없고 식상만 있으면 반듯이 아들이 있다. 일주가 쇠약하고 시주에 비겁이 있으면 자식 복이 많다.

(예)

時	日	月	年
戊	壬	辛	丙
申	午	丑	戌

壬수가 수왕절에 출생하고 시지의 申금과 월간의 辛금이 일간을 생조하고 금은 월지의 축토가 생하므로 왕성하며 년간의 丙화는 辛금과 간합하여 신왕한 사주이다. 용신은 시간의 戊토 즉 편관이며 희신은 토를 생조하는 丙화 午화이다. 자식을 표시하는 편관이 시주에 있음으로 자녀가 많으며 덕이 있다.

◎ 자식덕 없는 사주

관살이 없을 때 식상이 기신이고 식상이 인성에 의하여 파극되면 자식복이 없다.
일주가 약하고 재관이 태왕하면 자식이 없다.

일주가 약하고 식상과 관살이 있고 비겁이 없으면 아들이 없다. 일주가 약하고 인성이 있으나 재성에 의하여 파극되면 자식이 없다.

일주가 약하고 식상만 태왕하고 인성이 없으면 아들이 없다. 사주에 인성만 너무 많을 때 자식이 없다.
사주에 식상만 너무 많을 때 자식이 없다. 사주에 관살이 공망을 당하면 자식이 없다. 시주에 고신. 과숙이 있거나 식상과 동주하면 자식이 드물다. 시지가 형충파해 하면 자식과 이별수가 있다.

(예)

時	日	月	年
癸	丁	甲	癸
卯	酉	子	亥

丁화가 子월에 생하였고 사주팔자의 대부분을 관살이 차지하고 있다. 월간의 甲목이 丁화를 생조하므로 종살격도 되지 못하였다. 사주가 신약하므로 甲목이 용신이다. 그러나 卯酉충이되어 甲목은 무근하다. 천간이 연연 상생하여 사업은 양호하나 자식은 덕이 없다.

◎ 富者의 사주

신왕 재왕하고 식상이 있든지. 식상이 없으면 관살이 있을 때 부자이다. 사주에 인성이 왕성하고 식상이 약하고 재성이 있을 때 부하게 산다. 신왕사주에 관살이 약하고 인성이 중하며 재성이 월지에 있어 왕성할 때 부자이다.
신왕하고 비겁이 많으나 관살 인성이 사주에 없고 비겁만 있을 때 부자이다.

일주 및 인성이 왕하고 식상이 경미하며 재성이 있을 때 부자이다. 재성이 왕하고 관살을 생조할 때 부자이다. 관살이 비겁으로부터 재성이 파극되는 것을 막을 때 재성이 기신인 인성을 파극할 때 인수가 길신인 사주에 재성이 관살을 생조할 때

예

時	日	月	年
辛	壬	丙	甲
亥	寅	子	申

중첩된 식상을 재성 이 유통 시킬 때 壬수가 수왕절에 출생하고 辛.申금과 亥.子수가 일주를 생조하여 신왕이다.
월간재는 비겁에 파극되어 부격의 사주가 못된 듯하나 일지의 寅목이 亥수와 육합하고 甲목이 있어 식상이 왕성하다. 식상 생재 격으로 사주가 부귀하다.

◎ 결혼(結婚)시기

여자의 결혼시기도 남자의 경우와 마찬가지로 남편을 표
시하는 용신이 왕성한 대운 관살이 합되는 대운 세운 일
지와 삼합 육합 되는 때에 결혼한다.

여자의 사주에 관살이 왕성하고 천간에 노출되어 있거나
일지에 있거나 초년 대운이 관살에 해당하면 조혼한다.
사주에 간합 삼합 육합 합이 많으면 조혼하여 실패한다.
관살이 혼잡 되면 조혼하고 실패한다.

사주에 관살이 없어도 외격에 속하는 사주는 예외이다.
관살이 없고 사주에 합이 많으면 첩이되기 쉽다.
일주가 길신이면 결혼 운이 좋고 기신에 해당하면
결혼 운이 나쁘다.

◎ 궁합(宮合)보는 법

남녀의 사주로 본다.

남녀 생년의 지지와 생월의 지지를 서로 대조하여 삼합 육합이 천을 귀인 있으면 길하고, 형 충 파 해가 있으면 불길하고 어느 것에도 해당되지 않으면 평하다.

남녀 사주를 대조하여 천을귀인 월덕귀인 천록이 있으면 궁합이 좋다. 남녀 생월의 지지가 寅巳형하면 세력을 다 투고. 丑戌未삼형하면 불화하고 辰午酉亥형하면 건강이 약해지며 불화쟁탈 한다. 남녀 생월이 서로 충 하면 각자 자기주장을 강요하여 불화 한다.

남녀 생월이 서로 파하면 불화하고 이별한다.

남녀 생월이 서로 해하면 상대의 결점만 보고 믿음이 없어 불화 한다. 남녀 생월의 대조하여 고진. 과숙. 원진이 있으면 해로하지 못하고 불화 한다.

◎ 擇日 하는 方法

※ 결혼 택일에는 여자 나이를 위주로 해서 보는 것이다.

1. 혼인길년(婚姻吉年)은 합혼개폐법(合婚開閉法)으로 定한다.

2. 가취월(嫁娶月)은 女子의 生年이로 달을 가린다.
   大利月은 吉. 방매씨(妨媒氏)는 平. 방옹고(防翁姑)는 平.
   방여부모(防女父母)는 平. 방부주(防夫主)는 凶. 방녀신(防女身)은 凶.

3. 생기복덕(生氣福德) 남녀 생기 복덕으로 길흉을 가려야 합니다.

4. 월가길신(月家吉神) 월과 일진으로 본다.

5. 월가흉신(月家凶神) 월과 일진으로 본다.

6. 황 흑 도(黃 黑 道) 황도는 길하고 흑도는 흉합니다.

※ 본명일, 부모생신날, 4월 초파일, 단오 날. 절인 날.
   이러한 날은 피해야 합니다.

(택일전서를 참조)

◎ 사주 감정 순서

실제 운명을 감정함에 있어 오행의 상생상극 및 태과불급 가리고 육신과 십이 운성을 찾으며 제합과 제살을 참작하므로 복잡한듯하나 다음과 같은 순서에 따르면 용이하고 간단하다.

1. 우선 일주의 강약 및 왕 쇠를 정한다.
2. 월지를 기준으로 사주의 격 국을 정하고 외 격에 속하는 지 여부를 판단한다.
3. 용신을 찾고 희신 및 기신을 정한다.
4. 용신 희신 및 기신 외에 육신 및 십이 운성과 제살을 종합하여 육친 직업 및 성격 등의 길흉을 판단한다.
5. 끝으로 행운 세운 및 월운의 길, 흉을 판단합니다.

사람의 부귀빈천은 사주팔자에 있으나 성공은 행운에 있다. 사주팔자 자체는 대부귀할 팔자라 할지라도 행운이 불길하면 성공이 없으며 팔자가 좋고 대운이 좋아야 부귀공명 한다. 그러나 평범한 사주팔자는 길운에는 부귀하나 쇠운에는 불길하다.

사주를 감정함에 있어 격국의 선악과 행운의 길흉을 세밀히 비교 분석하여 부귀빈천을 정해야한다.
행운이 용신을 생하면 길운이다. 그러나 사주팔자중의 타 육신에 의하여 파극되거나 합이 되어 타 육신으로 화하면 길운이 평운으로 변한다.

행운이 용신을 파극 하거나 누설시키면 흉 운이다. 그러나 사주팔자 중의 타 육신에 의하여 극을 받거나 합이 되어 타 육신으로 화하면 흉 운이 평운으로 변한다.

일반적으로 신약사주는 인성 비겁 운을 만나면 길하고. 신왕할 때에는 사주에 재성이나 관살이 있으면 재관운이 길하고 사주에 재관이 없으면 식상 운이 길운이다.

외격에 속하는 사주 통관 조후로 보는 사주는 용신 격국 및 용신 희신에 해당하는 행운이 길운이고 용신과 상반되면 흉 운이다.

남자 사주에 관성이 입 묘 절하면 자식의 근심이 있고 재성이 입 묘 절하면 처와 재물에 흉하고. 편재가 입 묘 절하면 부친이 흉하다.

여자 사주에 식신이 입 묘 절하면 자식이 흉하며. 관성이 입 묘 절하면 남편이 흉하다.

행운이 일지와 충파해하면 부부간이 이롭지 못하며 월지와 형 충 파 해하면 부모에게 해로운 일이 생긴다.

◎ 대운(大運)보는 법

대운을 감정함에 있어 대운세수가 3 甲辰이면 앞의 5년은 천간 甲木을 70% 뒤의 5년은 지지 辰土를 30%로보고 다시5년 동안은 지지辰를 70% 천간 甲木은 30%로 대운을 보는 것이다. 10년이 지나면 대운세수가 13으로 바뀌는 것이다. 사람의 부귀빈천은 사주팔자에 있으나 성공은 대운에 있다.

사주팔자 자체는 대부귀할 팔자라 할지라도 대운이 불길하면 성공이 없으며 팔자가 좋고 대운이 좋아야 부귀공명 한다. 그러나 평범한 사주팔자는 길운에는 부귀하나 쇠운에는 불길하다. 사주를 감정함에 있어 격국의 용신과 대운의 길, 흉을 세밀히 비교 분석하여 부귀빈천을 정해야 한다.

행운이 용신을 생조하면 길운이다. 그러나 사주팔자중의 타육신에 의하여 파 극되거나 합이 되어 타 육신으로 화하면 길운이 평운으로 변한다. 행운이 용신을 파 극하거나 누설시키면 흉 운이다. 그러나 사주팔자 중의 타 육신에 의하여 극을 받거나 합이 되어 타 육신으로 화하면 흉 운이 평운으로 변한다.

일반적으로 신약사주는 인성 비겁 운을 만나면 길하고. 신왕 할 때에는 사주에 재성이나 관살이 있으면 재관 운이 길하고 사주에 재관이 없으면 식상 운이 길운이다. 외 격에 속하는 사주는 통관 조후로 보는 사주는 용신 격국 및 용신 희신에 해당하는 행운이 길운이고 용신과 상반되면 흉 운이 된다. 남자 사주에 관성이 입 묘 절하면 자식의 근심이 있고 재성이 입 묘 절하면 처와 재물에 흉하고. 편재가 입 묘 절하면 부친이 흉하다. 여자사주에 식신이 입 묘 절하면 자식이 흉하며. 관성이 입 묘 절하면 남편이 흉하다. 행운이 일지와 충파해하면 부부간이 이롭지 못하며 월지와 형 충 파 해하면 부모에게 해로운 일이 생깁니다.

◎ 년운(年運)보는 법

년운을 보는 것은 년의 간지가 용신을 도우면 길하고 약화시
키면 불길하다.
행운이 좋고 년운이 좋으면 대길하고. 행운이 나쁘고 년운이
나쁘면 대 흉하다.
년운이 좋으나 행운이 파 극하면 소 길하고. 년운이 나쁘나
행운이 이를 파 극하면 소흉하다.

년운을 감정함에 있어 당년의 간지 중천간 지지를 종합하여
판단하는 것이 정확하다. 당년의 간지가 모두 용신에게 이로
우면 대길하고. 모두 분리하면 대 흉하다. 당년의 운을 육신
으로 보면 다음과 같다.

比肩년은 친우. 육친. 배우자. 분가. 사업 등에 대한 길흉을
　　　보면 보는 것이다.
劫財년은 재산상 손해. 부부이별. 투쟁. 구설. 흉사가 있으나
　　　사주 또는 대운에 관살이 있으면 흉 운을 면할 수 있다.

食神년은 재산. 건강. 유흥 여색. 길흉이 있다.
傷官년은 우환. 재해. 타인의 시기. 손실이 있다. 사주 또는
　　　대운에 인수가 있으면 무사할 수 있다.

偏財년은 재산. 이성관계. 건강. 등의 길, 흉을 봅니다.
正財년은 재산. 사업. 신용. 결혼. 등의 길, 흉을 봅니다.

偏官년은 투쟁. 건강. 이별. 등의 흉 액이 있으며. 대운에 식
　　상이 있으면 흉 운을 면할 수이다.
正官년은 권위. 신용. 명예. 자손. 등의 길, 흉을 본다.

偏印년은 명예손실. 질병. 손실. 흉 액이 있다. 대운에 재성이
　　있으면 이를 면할 수 있다.
印綬년은 명예상승 사업변동 길하고 매도매입양호 학위 받는
　　해 만사 양호함.

◎ 月運 日辰 보는 법

매월의 길흉도 용신에게 이로운 달은 길하고. 분리한 달은 흉하다. 그리고 형 충 파 해가 있으면 더욱 불길하다.

일진도 년 월운을 보는 것과 같이 용신에 이로우면 길하고. 분리하면 불길하다.

◉ 비겁월(比劫月) 日上 干으로 月建의 干支로 보는 것.
　　合하면 : 친우 동요 형제 도움을 받아 화합하고 동업이면
　　　　　　발전하는 달이다.
　　冲하면 : 친우 동요 형제가 충돌하고 모든 일에 손실이 있
　　　　　　으며 부부간에도 충돌이 있다.

◉ 식상월(食傷月)
　　合하면 : 부하 슬하에 사람과 화합하고 존경을 받으며 재
　　　　　　물이 생기게 된다.
　　冲하면 : 슬하의 사람으로 하여금 손실이 있고 근심이 생
　　　　　　기며 재물에 손실이 있고 건강이 나쁘다.
◉ 재성월(財星月)
　　合하면 : 부모와 부부지간 화합하고 재물이 생기고 사업
　　　　　　이 번창하며 결혼운도 양호하다.
　　冲하면 : 재물손실 부모 이별 부부풍파 이별 사업 손실
　　　　　　건강이 나쁘다.

◉ 관성월(官星月)

　　合하면 : 명예상승 승진 시험합격 영전 사업상승
　　冲하면 : 명예손실 좌절 관재 등 건강장애 있다.

◉ 인성월(印星月)

　　合하면 : 부모 상관 화합 인장 문서 계약 양호
　　冲하면 : 인장 문서 계약 손실 소송관재 부모건강조심 이
　　　　　　별 등을 조심해야함.

◎ 천무팔자(天巫八字)보는 방법

◉ 年支와 日支로 본다.

寅年 寅日生 : 4월 8월 12월에 출생하면 천무팔자이다.

申年 申日生 : 2월 6월 10월에 출생하면 천무팔자이다.

巳年 巳日生 : 1월 5월 9월에 출생하면 천무팔자이다.

亥年 亥日生 : 3울 7월 11월에 출생하면 천무팔자이다.

◉ 천무팔자 용어

1. 빙의 팔자 신이 처음 오는 것을 빙의라 한다.

2. 빙령 팔자 이미 신을 받아서 영업하고 무당들 말함.

3. 제령 건강으로 고생하는 신병을 방법에 의해 억제 하는 것을 제령이라 합니다.

■ 모든 살 작용조견표

살		지지 / 천간						작용
원 진	子 未	丑 午	寅 酉	卯 申	辰 亥	巳 戌		서로 미워하고 원망하는 살 부부별거평생을 미워하며 살고 여자는 사통 한다.
육 해	子 未	丑 午	寅 巳	卯 辰	申 亥	酉 戌		타인에게 피해를 잘 당하며 칼이나 흉기에 상하고 동물에게 상하게 된다.
백 호	甲 辰	乙 未	丙 戌	丁 丑	壬 戌	癸 丑	戊 戌	피를 보는 살 출 생시 목에다 태를 걸고 나고 年은 머리 月은어깨부모형제 횡사 日은 부부횡사 時는자식횡사
귀 문	子 酉	寅 申	卯 未	丑 午	진 亥	巳 戌		정신이상 노이로제 변태성발작 의처증 의부증 부부풍파 신의 조화 같음
충 살	子 午	丑 未	寅 申	卯 酉	辰 戌	巳 亥		직장과 가정에 평지풍파가 발생하는데 부부풍파 생사이별 병액 관재 손재 실직
천 간	甲 庚	乙 辛	丙 壬	丁 癸	戊 甲	丙 庚	丁 辛	신약사주면 소송 패재 실직 이사 생사이별 질병 팔자를 잘 살필 것
삼 형	寅 子	巳 卯	申	丑 辰	戌 午	未 酉亥		형액을 당하는 살. 관재. 구설 배신. 급작돌변. 수술. 건강
역 의사, 마	寅 寅	巳 申	申	丑 巳	戌 亥	未		한 가지 일을 오래지속이 없다. 평생 동안 돌아다니며 이사 많이 하고 직업이 안정안 된다.
도 화	寅午戌 亥卯未	卯 子	申子辰 巳酉丑	酉 午				남녀공이 음란하며 주색 파가 바람둥이 기생 건달 깡패 타관 객지 연예인 방송

모든 살 작용조견표

파	子	寅	巳	午	辰	戌	年파 부모이별. 月파형재친우이별
살	酉	亥	申	卯	丑	未	日파 부부이별, 時파 자식이별

재	子	丑	卯	戌	酉	辰	평생을 통하여 관재구설을 당하게
살	午	卯	酉	子	亥	午	되며 손재 파재 생사이별 신체불구자

괴	庚	庚	壬	戊	남자 군인 검찰 경찰 성질 날카롭고 배짱이 좋다.
강	辰	戌	辰	戌	여자 고집세며 첩 과부 삼개류음난여

건록조견표

日干	甲	乙	丙	戊	丁	己	庚	辛	壬	癸
祿	寅	卯	巳		午		申	酉	戌	亥

사주에 천록이 있으면 출세하고의식주가풍부하다, 日干이 甲이고日支에 寅이 있으면 天祿이된다.

천을귀인조견표

日支	甲戊庚	乙己	丙	丁	壬	癸	辛
貴人	丑未	子申	亥	酉	巳	卯	寅午

四柱에 天乙 貴人이 있으면 돕는 사람이 많고 부귀공명 성공하고 복이 많다.

천덕귀인조견표

日支	寅	卯	辰	巳	午	未	申	酉	戌	亥	子	丑
天德	丁	申	壬	辛	亥	甲	癸	寅	丙	乙	巳	庚

天德貴人은 돕는 사람 많고 부하고 귀하고 건강 행복합니다.

월덕귀인조견표

月支	申	子	辰	寅	午	戌	巳	酉	丑	亥	卯	未
月德	壬			丙			庚			甲		

월덕 귀인은 도와 주는사람이 많아 吉하고 현모양처 부귀공명 한다.

고신과숙살조견표

年支	亥	子	丑	寅	卯	辰	巳	午	未	申	酉	戌
孤辰	寅			巳			申			亥		
寡宿	戌			丑			辰			未		

四柱에 이 살이 있으면 남녀 간에 부부이별수가 있어 불행하게홀로 홀아비 과부로살게 된다.

제5편 단시점(斷時占)

◉ 작괘 하는 방법

단시라 함은 바로 그 때를 이용(利用)하여 운을 푸는 것을 말합니다. 예로부터 내려오는 전례(傳例)가 있는 학문입니다.
단시(斷時)치는 법(法)이 다용도(多用度)로 있으나 타법(他法)은 약(略)하고 하(下) 간단(簡單)한 식(式)으로 풀이하는 법(法)을 설명합니다.

감정(鑑定)할 사람의 생년간지(生年干支)로 보게 되니 男子는 干을 取하고. 女子는 支를 取하게 됩니다. 그 다음으로는 감정하는 날의 日干과 時支를 합하여 작괘(作卦)하면 됩니다.
간지(干支)의 수자(數字) 복희씨(伏羲氏)의 선천수(先天數)를 이용(利用)하게 됩니다.

◉ 선천수(先天數)란?

甲己 子午 = 九
乙庚 丑未 = 八
丙申 寅申 = 七
丁壬 卯酉 = 六
戊癸 辰戌 = 五
　　　巳亥 = 四

이 선천 수는 암기해 두시기 바랍니다.

(예)

男子 : 甲子生으로 甲申日 午時에 보는 사람이면 甲年는 九 .
　　　甲日은 九 . 午時면 九이니 合計= 二十七 이니
　　　二十七용괘(龍卦)를 찾아보면 됩니다.

女子 : 戊子生으로 甲戌日 酉時에 보는 사람이면 戊子는 九 .
　　　甲戌日은 五. 酉時면 六 이니 合計 = 二十 이니
　　　二十승괘(蠅卦)를 찾아보면 됩니다.

◉ 각 괘에 속한 명칭

◎ 13사(蛇)괘 뱀

◎ 14인(蚓)괘 지렁이

◎ 15주(蛛)괘 거미

◎ 16구(鳩)괘 비둘기

◎ 17와(蝸)괘 달팽이

◎ 18서(鼠)괘 쥐

◎ 19원(猿)괘 원숭이

◎ 20蠅(蠅)괘 파리

◎ 21豚(豚)괘 돼지

◎ 22연(燕)괘 제비

◎ 23서(鼠)괘 쥐

◎ 24편(蝙)괘 박쥐

◎ 25鵲(鵲)괘 까치

◎ 26蟬(蟬)괘 매미

◎ 27용(龍)괘 용

◎ 십삼사괘(十三(蛇卦) 五十 土

군완구사(君王求死)하니 임금이 죽게 된 것을 구하여주니
삼촌화발(三春花發)이라. 삼월이 돌아와 꽃이 만발하였더라.
대인(待人) 금일불래(今日不來) 이날에 오지 아니하게 된다면,
　　　　　오십닐래(五十日來) 닷새나 열을 되는 날에 오게
　　　　　되더라.

병사(病事) 乙卯方에서 흑을 다룬 탓으로 병이 중하게 되었다.
실물(失物) 자래(自來)하고 타인(他人)하고 他人이 출하니 出하니
　　　　　東方路에서 得지하리라.

구물(求物) 물건을 구하게 되면 반듯이 구하게 되리라.
도망(逃亡) 도망간 사람을 찾으니 반듯이 찾게 되리라.
산태(産胎) 아기밴 사람은 무엇을 낳을까 男子를 나을 것이다.
관위(官位) 퀸직(官職)은 영전(榮轉)하게 되고 每事 순성하리라.
조인(罪因) 罪수는 無事하게 되니 차차 풀리게 되리라.
집물(執物) 左手면 靑白이요. 右手면 黃이라 하겠다.

◎ 십사인괘(十四蚓卦) 四九 金

명마막춘(鳴馬幕春) 말이 저문 봄에 울고 있으니 원근중행(遠近重行) 멀고 가까운 곳을 거듭하리라.
일월재전(日月在前) 날과 밤이 앞에 있게 되었으니 광명재후(光明在後) 빛나고 밝은 것은 뒤에 있더라.
전봉대사(前逢大蛇) 앞으로 맴을 마나고 後來白虎(後來白虎) 뒤에서 큰 호랑이가 오더라,

구물(求物) 물건을 구하고 있으나 얻지 못하게 되리라.
병세(病勢) 辛酉方에서 흙을 다루고 나무를 베었으며 북방에서 金物이 출입한 탈이니 낫기가 어렵더라.
대인(待人) 路中에서 우왕좌왕하니 반년이나 四日 九日을 기다리라.
잉태(孕胎) 아이밴 女子가 무었을 낳게 되는가? 女兒를 낳는다.
실물(失物) 東으로 가면 얻지 못하고 西으로 가면 수풀아래 있다.

관사(官事) 訟事는 불길하나 뒤에 가서는 길할 것이다.
주식(酒食) 東쪽이아 南쪽을 가면 술과 밥이 많이 생긴다.
관위(官位) 먼저는 흉하고 뒤에는 吉하게 되리라.
도망(逃亡) 아무리 찾아도 찾지 못하게 되리라.
죄인(罪人) 運勢가 不吉하니 西方을 조심하라.
집물(執物) 左手에는 赤白이요 右手에는 空이라 한다.

◎ 십오주괘(十五蛛卦) 一六 水

문전사머명(門前四馬鳴) 문앞에서 사마가 울고 있다.
사인시신전(死人屍身前) 죽은 사람 시신이 앞에 있으니
안가득침(安家得針) 어찌 집에서 바늘을 얻으니.
일월재당전(日月在堂前) 낮과 달이 집 앞에 있게 되니
광명필대천(光明必在天) 빛나고 밝은 것이 하늘에 있게 된다.
사마최행로(四馬催行路) 말 네 마리가 가는길을 재촉하니
도득사빈장(都得死殯葬) 모두 죽은 사람의 빈소와 장사 지 낼
곳을 일었다.

대인(待人) 進來하게 되었으니 一日이 아니면 六日에 오리라.
병세(病勢) 不死하게 되나 女鬼기 있어 肉味를 請한다.
잉태(孕胎) 아이밴 여인은 무엇을 낳을까? 여아를 낳으리라.
도망(逃亡) 西쪽으로 가서 찾으면 보게 되리라.

구사(求事) 家內에 있으니 空中을 찾아보아라.
관사(官事) 먼저 告訴를 하면 吉하리라.
출입(出入) 出入하게 되면 불길한 일이 생기라.
죄인(罪人) 운수가 不吉하니 서방이 조심하라.
집물(執物) 左에는 靑이요 右에는 白이라 한다.

◎ 십육구괘(十六鳩괘) 三八 木

신학구랑시(神鶴抱卵時) 신기한 학이 알을 품는 때이다.
춘학명구얼(春鶴鳴九皐) 봄 학이 고로에서 울고 있으니
천리필유심(千里必有心) 마음이 반듯이 천리에 있더라.
소원금은옥(所願金銀玉) 금과 옥을 얻는 것이 소원되니
희경문호임(喜慶門戶臨) 기쁜 경사가 문호에 당도 하였다.
출유봉주식(出遊逢酒食) 나가서 놀게 되면 술과 밥을 만나니
영복만사길(榮福萬事吉) 영화와 복이 오므로 만사가 길하더라.

병세(病勢) 寅卯方에서 흙을 다루고 나무를 베었음으로 木신
이 발도한 탈이나 죽지는 아니한다.
대인(待人) 今日에 오지 않으면 三日후에 오게 된다.
실물(失物) 東西로 가서 求 하면 吉하고 近方에서 찾지 못한다.
도망(逃亡) 南으로 가면 찾으나 보지 못하리라.

잉부(孕婦) 아이 밴 女人은 生男 아들을 낳게 된다.
출입(出入) 아무 곳을 가드라도 술과 밥이 있는 때다.
관사(官事) 두 곳에서 罪를 얻게 되리라.
집물(執物) 右手는 靑이요. 左手는 黃이라 한다.

◎ 십칠와괘(十七蝸卦) 二七 火

노인고교행(老人孤橋行) 노인이 외로운 다리에 가고 있으니
심연구대주(深淵求大珠) 깊은 못에서 큰 구슬을 구하는 상이다.
일목유가외(一木猶可畏) 한 나무가 무서운 것 같으니
유행심가난(由行甚可難) 이리 저리 움직이기 어렵도다.
병부생유난(病符生有難) 병부가 어려움이 있으니
사신재전당(死屍在前堂) 시신이 입안에 있게 되는 운이다.
단초수심사월외(但招愁心斜月外) 단 수심은 기울어진 달 밖에
서 불어오고
방지천문일주개(方知天門一住開) 천문에 가니 한번 열리는 것
을 알리라.

대인(待人) 今日에 不求하면 二日나 七日에 오게 된다.
병세(病勢) 東方에서 흙을 다룬 탓이니 심히 곤란하나 죽지는
아니 한다.
구물(求物) 나가서 구물을 구하게 되면 얻게 될 것이다.
관사(官事) 先은 凶하고 後는 吉하다. 하였으나 먼저 고발하
면 승소할 것이다.

관위(官位) 不成이라 하였다. 그러나 요행으로 될 수 있다한다.
잉태(孕胎) 아이 밴 부인은 生男하게 된다.
도망(逃亡) 남쪽에 있으나 오지 아니하리라 하였다.
출입(出入) 아무대로 가도 吉하리라.
죄인(罪人) 더디나 풀려나오게 된다.
左手에 赤이라 하였다.

◎ 십팔산서괘(十八山鼠卦) 五十 土

맹호입함장(猛虎入陷葬) 사나운 호랑이가 함정에 빠졌으니
환출동구래(還出洞口來) 도로 동구 밖으로 나오게 된다.
성문사방진(聲聞四方振) 소리가 사방으로 떨쳐 들리게 된다.
요로족호전(要路捉虎傳) 요로에서 호랑이를 잡으라 전하여지니
처처사난성(處處事難成) 곳곳마다 일이 이루기 어렵다.

약우인조(若遇人助) 만일 사람의 도와주는 것을 만나면
필견군왕(必見君王) 반듯이 임금을 볼 것이다.
대인(待人) 今日에 오지 않으면 五日이나 十日에 올 것이다.
병세(病勢) 南쪽에서 목을 매어 죽은 귀신의 탈이니 구병시식
을 하여주라.

실물(失物) 남쪽에 있으나 찾지 못하게 된다,
구물(求物) 대행이 구하게 되리라 하였다.
잉태(孕胎) 아이 밴 여자면 여아를 낳으리라.
도망(逃亡) 自然이 스스로 오게 되리라.
출입(出入) 아무 곳이라도 不吉이라 하였다
관사(官事) 뒤에 고발하면 기하리라. 하였다,
관위(官位) 아무리 구하여도 不成이라 하였다.

◎ 십구원괘(十九結猿卦) 四九 金

송풍입정중(松風入庭中) 소나무 바람이 뜰에 들어온다.
유옥무산호(有玉無珊瑚) 옥을 있으나 산호가 없게 되었으니
우험불상재(遇險不傷灾) 험한 것을 만나나 재앙으로 상하게
되지 아니 한다.

대인(待人) 바로오지 아니하면 本處에서 不動한 것이니 三日
안 오면 八日에 온다.
병인(病人) 東方에서 흙을 다룬 탈이나 죽기는 아니한다.
실물(失物) 동쪽으로부터 남쪽으로 갔으니 얻지 못하리라.
구물(求物) 물건을 구하게 되면 성사 한다.

관사(官事) 吉한 運數라 하니 무사하게 된다.
관위(官位) 아무리 구한다 하여 不成이다.
잉부(孕婦) 아이 밴 여자는 아들을 낳게 된다..
도망(逃亡) 서쪽으로 가면보지 못하게 된다.
출입(出入) 출입하면 불과 밥은 많이 생기게 된다.
죄인(罪人) 바로 解決될 것이다.

◎ 이십승괘(二十蠅卦) 一六 水

우견쟁일골(雨犬爭一骨) 개 두 마리가 뼈 한 개를 가지고 타두는 형상이다.
흑백미분명(黑白未分明) 흑백이 분명하지 못하다.
하위승여빈(何謂勝與貧) 어찌 승부를 가리키리오.
옥당복유로(玉堂復有路) 옥당에 다시 길이 있게 되니
平少上雲梯(平少上雲梯) 평보로 구름사다리에 오른다.

대인(待人) 今日에 오지 아니하면 三日이나 六日에 온다.
병세(病勢) 南方에서 木石이 出入하여 修理한 탈이니 대신이 죄를 준 것이라 한다.
실물(失物) 東西方 草木아래에 숨어있다. 牛馬는 찾지 못하게 되었다. 만일 본다하여도 凶하리라.
도망(逃亡) 西北에서 찾게 된다.

관위(官位) 구하게 되면 성사하리라 한다.
관사(官事) 不吉하나 먼저 고발하면 승소한다.
잉부(孕婦) 아이 밴 여자는 여아를 낳게 된다.
출입(出入) 술과 밥이 생기면 不吉하게 된다.
죄인(罪人) 더디게 풀리리라.
구물(求物) 구하게 되면 얻게 된다.
집물(執物) 左手에 黑이라 한다.

◎ 이십일결돈괘(二十一結豚卦 三八 木

우후봉환선(牛後逢紈扇)오후에 비단으로 만든 부채를 만나니
수중주인행(水中走人行)물 가운데서 달아나는 사람이다.
길몽동하월(吉夢冬夏月) 길한 꿈은 겨울과 여름 달에 오고
청풍대인래(淸風待人來) 맑은 바람은 사람을 기다려 오더라.
귀인경조력(貴人輕助力) 귀인 조금 조력하여 주니
출보봉대인(出步逢大人) 걸어 나가면 큰 사람을 만난다.

대인(待人) 바로오지 아니하면 本處에서 不動하니 三日안오면
八日에 온다.
병인(病人) 東方에서 動土한 탈이나 죽지는 아니한다.
실물(失物) 東으로부터 南으로 갔으니 얻지 못하리라.
관사(官事) 吉한 運數라 하니 무사하게 된다.

관위(官位) 아무리 구한다 하여도 不成하게 된다.
출입(出入) 출입하면 대길하고 목적한바 이루게 된다.
구물(求物) 물건을 구하게 되면 이루어진다.
잉부(孕婦) 아이 밴 여자면 아들을 낳게 된다.
집물(執物) 左手에는 靑이요. 右手이는 白이라 한다.

◎ 이십이연괘(二十二燕卦) 二七 火

옥여즉상봉(玉女卽相逢) 옥녀를 서로 곧 만나게 되니
삼춘곡우래(三春穀雨來) 삼춘인 곡우 때에 만난다.
소원봉대길(所願逢大吉) 소원대로 크게 길한 것을 만나니
출유승거마(出遊乘車馬) 나가놀며 차와 말을 타게 된다.
가빈유명객(佳賓有名客) 아름다운 손님 가운데에 귀인이 있으니
고목생신엽(枯木生新葉) 목목에 새 잎이 나는 상이다.

대인(待人) 今日에 오지 아니하면 三日 七日에 오리라.
병인(病人) 東方에서 動土한 탈이라 한다.
실물(失物) 東南人이 盜去하였으니 얻지 못하리라.
관사(官事) 먼저 고발하면 유익하리라.
관위(官位) 취직되고 승진하고 한다.
구물(求物) 출입하면 대길하고 목적한바 이루게 된다.

출입(出入) 출입양호하고 무가할 것이다.
잉부(孕婦) 아이 밴 여자면 여아를 낳게 된다.
죄인(罪人) 운이 吉하니 바로 해결될 것이다.
도망(逃亡) 南方과 北方으로가면 보게 되리라.
집물(執物) 左手에는 黃이요. 右手에는 靑이라 한다.

◎ 이십삼가서괘(二十三家鼠卦) 五十 土

소아득모시(少兒得母時) 어린아이가 어머니를 얻는 따라 한다.
고목신춘생(枯木新春生) 고목에 새싹이 나게 되니
소원필유성(所願必有成) 반듯이 소원을 이루게 된다.
가련인자소(可憐人自少) 가련하다. 아직 사람이 어리니
사모기하종(捨母其何從) 어머니를 버리고 어디로 갈 것인가.
막탄시만래(莫嘆時晚來) 때가 늦게 온다고 탄식을 하지 말라.
봉길적안신(逢吉赤安身) 길운을 만나면 몸이 편하게 된다.

병세(病勢) 卯酉方에서 흙을 다룬 탈이라 하니 부모 같은 귀신에게 기도하라.
대인(待人) 금일에 오지 아니하면 五일 十일에 오게 된다.
실물(失物) 西南方人이 盜去하였으니 찾지 못하리라.
잉부(孕婦) 아이 밴 어자는 아들을 낳게 되리라.
관사(官事) 이동하게 되리라.
출입(出入) 출입하면 소원을 이루게 될 것이라.
구물(求物) 물건을 구하게 되면 얻게 되리라.
죄인(罪人) 운이 불길하니 해결이 지연된다.
도망(逃亡) 찾아보면 만나게 된다.
집물(執物) 左右흑백이 분명하니 뜻을 성취한다.

◎ 이십사편복괘(二十四蝙蝠卦) 四九 金

험로봉독사(險路逢毒蛇) 험한 길에서 도사 뱀을 만나니
맹인실죽장(盲人失竹杖) 눈먼 사람이 지팡이를 잃었다.
옥여인재전(玉女人在前) 옥녀가 앞에 있으니
죄신인재전(罪神人在前) 죄진 귀신이 앞에 있다.
귀인래조력(貴人來助力) 귀한 사람이 와서 힘을 도와주니
무사만리래(無事萬里來) 일없이 만리를 오게 되더라.

대인(待人) 今日에 오지 아니하면 四일 九일에 오게 된다.
병세(病勢) 西南에서 흙을 다룬 탈이니 水신이 와서 작해함이다.
구물(求物) 아무리 求하여도 얻지 못하게 된다.
실물(失物) 西南에 있으나 찾지 못한다.
도망(逃亡) 西南으로 가면 만날 수 있다.
출입(出入) 출입하게 되면 뜻을 이룬다.
잉부(孕婦) 아이 밴 여인은 아들을 낳게 된다.
죄인(罪人) 바로 해결하게 된다.
관사(官事) 관사는 잘 해결하게 된다.
관위(官位) 승진은 불가하다.
집물(執物) 흑백이 분명하니 뜻 한 바를 이룰 것이다.

◎ 이십오작괘(二十五鵲卦) 一六 水

용녀인무병(龍女人無病) 옥녀라는 사람 병이 없다.

장군강진가(將軍江秦笳) 장군이 군사를 거느리고 가을건널 때에

만리귀인래(萬里貴人來) 지가라 하는 사람이 萬里나되는 길에

서바쁘게 오게 되더라.

장군의복가(將軍衣服家) 장군이 의복을 입고 집안을 잘 다스리더라. 용녀무병(龍女無病) 옥녀가 병이 없다.

장군이 군사를 거느리고 江을 건널 때에 秦茄라 하는 사람이 萬里나 되는 길에서 기쁘게 오게 되더라. 장군이 의복을 입고 집안을 잘 다스리더라.

대인(待人) 本處에서 움직이지 않았으니 二. 三. 六일에 온다.

병세(病勢) 家宅에 動土한 탈이니 부모와 같은 신에게 기도하라.

구물(求物) 아무리 구하여도 얻지 못한다.

출입(出入) 출입하면 만사 이루어진다.

실물(失物) 집안에 있는 여자가 北으로 다른 사람 중에 감추어 두었으니 찾지 못하게 되리라.

잉부(孕婦) 아이 밴 여자는 여아를 낳게 되리라.

도망(逃亡) 東西南方에서 찾으리라.

관사(官事) 아무 일 없이 잘 해결된다.

죄인(罪人) 죄수는 기일 늦어 다음에 해결 된다.

집물(執物) 흑백이 분명치 아느니 일이 지연된다.

◎ 이십육선괘(二十六蟬卦) 三八 木

인간즉상봉(人間卽相逢) 인간들이 곧 서로 만나게 된다. 용 큰물에 잠겨 있으니 기쁘게 대인을 보게 될 것이다.

귀인우래조(貴人偶然來) 여름철 한 더위 속에 부채를 얻은 상 이요. 무고기가 바닷물로 들어가는 상이라 하겠다. 貴人이 우 연이 와서 도와주니 흐르는 물이 自然히 오는 것 같다.

대인(待人) 今日에 오지 아니하면 三日이나 八日에 오게 된다.
병세(病勢) 東方에서 土木을 다룬 탈이나 주지는 아니한다.
실물(失物) 동방이나 북방에 있으나 찾지 못한다.
구물(求物) 아무리 구하여도 얻기 어렵다.
도망(逃亡) 東西南方에서 찾게 된다.
관사(官事) 운이 불길하니 해결이 어렵다,
출입(出入) 출입하면 뜻을 이룬다.
죄인(罪人) 죄수는 바로 해결됩니다.
집물(執物) 흑백이 분명하니 소원을 이룬다.

◎ 이십칠용괘(二十七龍卦) 二七 火

장군령병도강(將軍領兵渡江) 장군이 군사를 거느리고 강을 건너가는 형상이다.

군기통솔만군(軍器統率萬軍) 군기를 많이 가지고 백만 군사를 통솔하는 모양이다.

천지만국태평(天地萬國泰平) 하늘땅을 굳게 지키고 있으니 나라가 태평하리라.

용수득자대길(龍數得者大吉) 용을 득 한자는 크게 길할 것이다.

병세(病勢) 七鬼가 모여들었으니 남방에서 기도하라.

대인(待人) 今日오지 않으면 二日 七日에 오게 된다.

실물(失物) 東西에 가면 찾을 수 있다,

잉부(孕婦) 아이 밴 여자는 여아를 낳게 된다.

관사(官事) 잘 해결되리라.

구물(求物) 아무리 구하여도 얻지 못한다.

도망(逃亡) 찾지 못한다.

관우(官位) 구하게 되면 얻고 진급한다.

출입(出入) 출입은 불길하다.

집물(執物) 뜻한 바는 이루게 된다.

제6편 運命鑑定 雜學

◉ 雜學 運命鑑定 法

運命을 보는 方法은 많은 學說이 있으나 著者아의 經驗에 의한 학문을 종합하여 직평(直評) 방법(方法)을 編著합니다.

◎ 四柱八字에 火가 많은 자는 요령본위(要領本位)요. 재능중심(才能中心)이다.

◎ 四柱八字에 水가 많은 사람 정력본위(精力本位)로. 노력중심(勞力中心)하는 운명이다.

◎ 四柱八字에 木이 많으면 상반신(上半身)에 병(病)이 생(生)하니 신경성. 빈혈 정신분열에 조심하라.

◎ 四柱八字에 金 水가 많으면 하반신(下半身)에 병(病)이 발생(發生)하니 신장(腎臟) 방광(膀胱)을 조심하라.

◎ 四柱八字에 水火가 균등(均等)한 것은 만물의 근원(根源)입니다.

◉ 沖으로 보는 법

子 午 沖을 하면 도로상쟁(道路相爭) 부부이별(夫婦離別)조심하라.

丑 未 沖을 하면 형제상쟁(兄弟相爭) 재물상쟁(財物相爭)있다.

寅 申 沖을 하면 남녀이성문제(男女異性門題)발생한다.

卯 酉 沖을 하면 골육상쟁(骨肉相爭) 부부불화(夫婦不和)하고

辰 戌 沖을 하면 남녀노소(男女老少) 상두(相斗) 가정불화있다.

巳 亥 沖을 하면 광득후손(光得后損) 정면대립(正面對立)할 것이다.

◉ 三形으로 보는 볍

寅 巳 申 亥見하면 외부(外部)로부터 시비(是非) 재난(災難)
도적(盜賊) 長男 감옥(監獄)갑니다.

丑 戌 未 辰見하면 내부(內部) 관재(官災)구설(口舌) 兄弟相爭

子 卯 형살은 성병(性病)조심. 몸에 칼을 대수있으니 조심하라.

辰-辰 午-午 酉-酉 亥-亥 형살은 건강 수술을 조심하고.
官災. 離別. 分爭을 조심해야 합니다.

◉ 성격판단감평(性格判斷監評)

甲乙日生 의지가 굳고 뚝뚝하나 어질다. 마음의 변덕이 없다.
丙丁日生 예의가 바르고 구변이 능하다.
戊己日生 신용이 있고 군자의 기상이다. 신약이면 어리석다.
庚辛日生 의리가 있고 용기가 있다. 과단성이 있다.

辛丑 辛卯 辛未日生 고집이 너무 세어 교제에 제로이다.
壬癸日生 머리가 좋고 털털하고 절약성이 적다. 자비롭다.
사주팔자가 편고(偏枯)하면 타인에게 어리석어 보인다.
사주팔자가 食傷이 많은 자는 남 주기를 좋아한다.

丙日生으로 木火 旺하고, 庚日生으로 丙丁火는 과단성이 있어
서 즉결(卽決)을 조심하라. 급하면 손실이 있다.
戊寅 戊午 戊戌日生이 火가많으면 남의 비평을 잘 한다.
戊寅 戊午日生 春夏月에 出生 者면 자살(自殺)을 한다.

丑日生人이 午未戌과 午日生이 사주에 丑午가 있으면 자살
(自殺)을 기도한다.
寅日生人이 巳申 자타(自打) 자명(自命)을 주의하고 비애를
극복하라.
戊己日生 남자는 寅이不足하면 생것과 신 것을 좋아한다.
壬癸日生 官이不足하면 단 것을 좋아한다.

● 부부논감평(夫婦論監評)

時柱 時上에 傷官 偏財 者는 부부해로 하기 어렵다.
日時 月日 相冲 者는 양인(羊刃)이 중첩(重疊)된 者
日干支 同日者, 苦難殺 有한 者, 孤진. 寡宿 有. 白虎殺이
有한 者, 癸年 壬月 戊己日生 부부해로하기 어렵다.

축첩(蓄妾)   丁未日生 戊午日生 첩이 있다. 日支 偏財 他柱
正財면 처첩을 둔다.

※ 日時에 六害, 亡身, 劫殺. 者는 처가 도망간다.
戊寅 戊戌日 己未 己巳日 巳申 午未戌日生은 주색잡기(酒色
雜技)로 패가망신한다.

※ 丁丑日柱가 申酉戌 者하여 신약이면 처첩에 자살 조심
하라. 癸未日生 柱中 子가 많으면 천가 출산으로 고생 한다.

※ 壬寅日 庚寅日生 巳와 申을 見하면서 재다 신약하면 처
가 자살 조심하라.
戊己日生이 壬戌을 만나 財多 身弱하고 또는 신강도 山禍 時
上 七殺 時上 偏財. 日柱虛弱. 財殺時는 부부싸움 음독飮毒)
자살(自殺)조심하라.
亥子丑月에 壬癸日生을 호색이가이다. 財가 合되거 財가 殺이
되면 정사(情死)를 조심하라.

■ 운명감정직평(運命鑑定直評)

◎ 운명(運命)이란?

인생의 삶을 미리 예언 한다는 것은 참으로 어려운 일이오나 진실한 삶을 상담 한다면 그 믿음이 미래의 삶을 희망으로 변할 수 있다고 생각하면서 다시 한 번 陰陽 五學을 다 함께 연구해봅시다.

四柱八字에 火가 많은 자는 요령본위(要領本位)요. 재능중심(才能中心)으로 살게 될 것입니다.
四柱八字에 水가 많은 자는 정력본위(精力本位)요, 노력중심(努力中心)으로 사는 사람이 될 것입니다.

四柱八字에 木이 많은 자는 상반신(上半身)에 병이 있다.
四柱八字에 金이 많은 자는 하반신(下半身)에 병이 있습니다.
水火가 均等한 것은 만물의 근원(根源)인 것이다.

子 午가 沖하면 도로상쟁 부부이별수이고,
丑 未가 沖하면 형제상쟁 재물상쟁 친우 배반 한다
寅 申이 沖하면 남녀 이성문재(발생(發生)합니다.
卯 酉가 沖하면 골육상쟁(骨肉相爭) 부부불화(夫婦不和)한다.
辰 戌이 남녀로소 相斗하여 가정불화(家庭不和)발생한다.
巳 亥가 광득후손(光得后損)이라. 정면 대립하게 되는 것이다.

寅巳申이 亥를 만나면 외부(外部)로부터 시비 재난 도적 형액
丑戌未가 辰을 만나면 내과(內科)로부터 관재 구설 형제상쟁
子卯가 있으면 충돌과 사고를 조심하고, 辰-辰, 午-午, 酉-酉
亥-亥를 만나면 건강장애 수술 등 형액이 있다.

◎ 성격(性格)이란?

甲乙日生 의지가 굳고 뚝뚝하나 어질다. 마음의 변덕이 없다.
丙丁日生 예의가 바르고 구변이 능하여 말을 잘한다.
戊己日生 신용이 있고 군자의 기상이다. 신약이면 어리석다.
庚辛日生 의리가 있고 용기가 있다. 과단성도 있다. 辛丑일
辛卯일 辛未日生은 고집이 너무 세어서 교재에는 제로이다.
臨界日生 머리가 좋고 털털하고 절약이 없다. 자비롭다.

◎ 상식이 많은 사람은 남 주기를 좋아 한다.

丙日生 木火가 旺하면 庚日柱가 丙丁火있으면 과단성이 있어
즉결주의 戊寅, 戊午, 戊戌, 火가 많으면 남의 비평을 잘한다.
丙寅 丙午日生이 春夏月에 출생하면 자살을 생각한다.
丑日生 午未戌과 午日生이 四柱에 丑午者면 자살을 생각한다.
戊日生이 신약에 인사신이 있으면 자살을 생각한다.
寅日生 巳申도 자타자명(自打自命)주의하고, 잠간 비애를 극
복하라. 戊己日生 官이 부족하면 생것 신 것을 좋아 한다.
壬癸日生 官이 부족하면 단 것을 좋아 한다.
亥子丑月에 庚辛日柱와 寅午戌月과 戊寅 午戌日生 호걸팔자
를 타고났다.

◎ 년주육신감평(年柱六神監評)

比肩 年 : 친우 부모 부부와 분가 아니면 사업번찬 한다.
　　　吉 : 직업변화 家土 買入 事 발생(發生)한다.
　　　凶 : 부부이별, 직업실직, 이별 후 재혼 발생한다.
劫財 年 ; 財産損失, 도적, 관청, 구설, 언쟁 등 吉凶事등이다.
　　　吉 : 직업변화, 家土, 買入, 事 發生한다.
　　　흉 : 부부이별, 직업실패, 수술 도적 구설 망신 가출

食神 年 : 건강 재산 결혼 유흥 바람 등의 吉凶事
　　　吉 : 결혼 재산생기고, 신규사업시작, 생남, 家土 買入
　　　凶 : 바람나고, 손재수, 女子와 구설, 사업부진하다.
傷官 年 : 재산 신병, 중상, 신용타락, 등 吉凶事
　　　吉 : 신용회복, 건강회복,
　　　凶 : 교통사고, 수술, 중상모략, 신용타락, 실직한다.

偏財 年 : 情事관계, 건강쇠약, 재산문제 등이다.
　　　吉 : 연애시작, 재산 들어오고, 남자는 여자도움 있다.
　　　흉 : 부부이별, 재산손실, 사기 당함.
正財 年 : 사업관계, 신용관계, 재산, 結婚 등 좋다.
　　　吉 : 결혼 및 재혼, 재물생기고, 男女간 바람난다.
　　　凶 : 부부이별, 재산손실, 남녀 간 충돌 조심하라.

偏官 年 : 투쟁(鬪爭) 병해(病害) 이별(離別) 등 發生
　　　吉 : 직장변화, 승진(昇進) 결혼(結婚) 男 , 女
　　　흉 : 실직, 이별, 관재구설, 건강, 수술수이다.

正官 年 : 명예, 권세, 신용문제, 자손의 吉凶 事
　　　吉 : 승진 영전, 취직, 정근, 결혼 등 발생한다.
　　　흉 : 실직 남편과 이별, 도적, 처 가출, 극약복용

偏印 年 : 명예관계, 학술관계, 사업관계. 등이다.
　　　길 : 부동산매매, 시험합격, 사업시작, 외국여행
　　　흉 : 부동산매매, 이사, 질병, 도적, 매사에 조심하라.
印綬 年 : 시험합격, 학술발전, 명예관계, 질병검사 받을 것,

※ 인수가 충을 만난데 財운을 만나면 교통사고 조심하라.
※ 인수와 재가혼잡하면 곤함이 극심하다.
※ 女子가 관이 없는 사람은 인수로 남편으로 본다.

◎ 부부궁감평(夫婦宮監評)

時上 傷官 偏財가 있는 사람은 부부해로하기 어렵다.
日, 時, 月, 日이 相沖과 양인살(羊刃殺)이 중첩 된 者와 日干
支가 同日한 사람 고난 살이 있는 者, 고신 과숙 살이 있는
者, 白虎殺이 있는 者, 癸年 壬月 戊己日生 만사가 不吉하다.

丁未日生 戊午日生 日支 偏財 他柱正財 등은 축첩(蓄妾)한다.
日時에 六害 亡身 劫殺이 있으면 처가 가출한다.
戊寅 戊戌日 己未 己巳日 巳申 午未戌日生은 酒色雜技이긍하다.
丁日柱가 申酉戌이 있고 身弱이면 妻妾이 自殺한다,
癸未日生 柱中에 子가 많으면 처가 신액으로 고생한다.

壬寅日 庚寅日生 巳나 申을 만나고 財多 身弱하면 妻가 自殺
한다. 戊己日生이 壬戌을 만나 財多身弱 身强도 自殺한다.
時上偏官 時上偏財, 日柱虛弱 財官이 旺하면 부부싸움 많다.
亥子丑月에 壬癸日生 財가 合이 되거나 재가 官殺이 되면 情
死 한다, 日柱가 强하고 時干에 偏財가 있으면 처가 대대가
심하다. 甲辰 乙未日生이 四柱에 財旺 比肩旺하게 있는 四柱
는 豪傑의 팔자이다.

天干七殺 地支에 刑沖, 財多身弱되면 차가 음독자살한다.
寅卯辰日生 巳가 있고, 巳午未生이 申을 만나면 중년에 喪妻,
申酉戌生이 亥子가 있고, 亥子丑生이 寅이있으면 중년에 喪妻
未月 支支에 財가 桃花殺, 刑殺이 있으면 간통당하고 임질 매
독 성병에 걸린다.

◎ 조부모편감편(祖父母編監評)

驛馬 支殺에 日柱 合은 병원에서 出生한다.
亥子年 甲乙日生 海運萬里 외국에 나가 본다.
年月干支에 財, 官, 印은 부귀가문 出生者이다.
年月干支 傷官이 있으면 父母代에 失敗했다.
年에 傷官 食神에 화개가 있으면 父祖代에 佛供子孫이다.

年月支에 印綬 華蓋殺이 있으면 父母의 佛供子孫이다.
年月支에 印星에 刑殺이 있으면 모진이별 불구자이다.
年月支에 合이되면 모친이 外情하고 再嫁한다,
年月支에 印星에 衰 病 巳 絕이 있으면 모친이 잔병이 많다.
年月支에 財星이 混雜이면 이복형제 血光死를 조심하라.
年月支에 偏財 白虎있으면 부친 血光死를 조심하라.
年月支에 辰 - 辰 刑殺이 있으면 父親이 橫死한다.

年月支에 甲辰 乙未 白虎는 父親 自殺 橫死 한다.
年月支에 財가 食神과 合이면 장모 봉양 한다.
年月支에 白虎가 戌이 財가 되며 刑沖되면 母親 교통사고 死.
甲乙日生 酉戌時 양부 두 아버지 계모이다.
丙丁日生 巳未時 부모지간 불화가 있다.
戊己日生 寅卯時 부친과 의사가 잘 통합니다.
年月支에 沖이나 元嗔殺이 있으면 고부간 싸움이 많다.
四柱中에 財星이 많으면 여려서 부친과 반목한다.
四柱中에 財星과 白虎가 있으면 고모가 바람났다.
印綬가 弱한데 財旺하면 딸이 과부된다.

◎ 직업감평(職業監評)

甲乙柱가 火旺으로 곡직격(曲直格)은 악기다루는 직업 마스터.
四柱中에 火가 印綬이면 마장원이 최 길이다.
四柱中에 印綬가 있으면 수예, 편물, 유릉하다.
木旺日柱 土財星은 주단, 포목으로 부자 된다.
庚辛日生 木旺 土弱하면, 주단 한복, 침구 사업이 좋다.
丙丁日生 金이 弱하면 金銀, 寶石商, 陽이면 장사가 대길하다.

印星에 日支 建祿 月, 時 貴人이 있으면 양품정 옷가계가 大吉
四柱에 驛馬 劫殺 財星이 있으면 양재 양품점이 양호하다.
四柱애 驛馬 地殺 財는 산발, 양발, 화장품, 사업 대길, 회사
에 근무도 양호하다,
丙辰 庚辰, 丙戌 庚戌日生 印星이 있으면 컴프터 프로그램 종
사 출판 인쇄업 문방구 사업이 좋다,

木火日柱 食傷이 있으면 음악가 가수 연예인이 팔자이다,
四柱에 印綬 傷官星은 예능 방면 천재로다.
丙丁日生 財格이면 금융업 양호하다.
丙丁日生 水木格은 수산물 사업 대길하다.
壬申 壬子 壬辰日生은 요식업, 식당, 호텔, 숙박업 양호하다.

庚申 庚子 庚辰 甲辛己乙日生 가폐, 다방, 주점 오락실 양호.
金日柱가 食傷 用神 財있으면 음식식당 양호함.
역마가 財가 있고 支殺 財가 있으면 운수업(運輸業)이 양호
합니다.

◎ 남편운감평(男便運監評)

官星이 아름답고 官이 旺한 運에 남편이 榮華롭고 강호하다.
食神이 生財하면 女命은 貴格이다. 身旺四柱에 官이 吉하면
이름난 婦人이다.
旺財 多官인 四柱는 男便돕고 배신당한다. 戊子日生은 긁은
남편(男便) 만나 산다.
신강사주(身罡四柱)에 官이 弱하면 남편 그리워 눈물 짖는다.

官星이 混雜하고 桃花殺이 同柱하면 淫難한 여자이다.
亥子丑月 庚辛日生 밤마다 처량한 눈물 흘린다.
四柱中에 比劫이 많으면 이여동부(二女同夫) 한 남편을 두 여
자가 싸움한다.

乙辛癸日生 노랑(老郞) 생활(生活)한다,
壬寅 癸卯日生은 팔자가 천합니다.
庚辰 壬戌 出生 女는 남편 간곳 종적 없다,
日柱에 魁강이 있으면 남편이 재패하고 횡사한다.

壬戌 癸丑 壬癸日生 이 白虎 官은 남편이 횡사한다.
時上 傷官이 있고 地支에 食傷이 있으면 빠나 카바레 마담양호
官星 弱한데 比劫이 合이면 친우 간에 사랑싸움 한다.
官殺 混雜에 官이 暗合하면 情巳로 고민 한다.
戊己日生으로 木弱 多水하면 남편이 추중에 익사한다.
甲乙日生으로 土弱 多水이면 처와 이별하게 된다.

◎ 감옥(囚獄)가는 팔자(八字)

寅午戌日生이 子와 申子辰日生이 午는 형무소 가는 살
亥卯未日生이 酉와 巳酉丑日生이 子는 법관 경찰 군인은 무방합니다.
申子辰日生이 午年을 만나면 수술이나 官災가 있다.
申子地日生 男子가 女子日支에 午日生을 만나면 결혼후 3년 이내에 남자가 감옥생활이나 관재 구설이 있다.

驛馬殺은 沖破을 만나면 客地를 다니며 風波가 많다.
四柱에 驛馬가 있으면 항상 다사분주하고, 月柱 驛馬가 있으면 객지에서 고생 한다, 時에 驛馬가 있으면 이별 수가 있고 도독한 자손이다,
年 日支 驛馬는 夫婦間 별거(別居)한다.

寅年生이 申年을 만나면 외곡에서 직업을 갖는다.
月支 기준 世年이 驛馬가 되면 거정 이사하고 새집을 짓는다.
日支 기준 世年이 驛馬가 들면 부부이별 처가 가출한다.
時支 기준 世年이 驛馬가 되면 자손상실 무단가출 자녀결혼,

宮合에서 年代年이 驛馬 각기직업이 있으니 생활상 이별이 있다.
月代月이 驛馬가 결혼 후 남자가정 형제간 객 사자 있다.
日代日이 驛馬가 되면 부부간 이별한다.
時代時가 驛馬가 있으면 이생 종말을 객지에서 보낸다.

◎ 남녀생사별일진(男女生已別日辰)

甲 辛 己 乙 乙 壬 丙 戊 庚 戊 戊
寅 酉 丑 卯 未 子 午 辰 申 申 戌

생월이 상기일 되면 외상이 아니면 병신 된다.
日柱와 유하면서 같은 年을 만나면 그해에 생이별한다.

◉ 수액살(水厄殺)

1. 2. 3月生 寅時 4. 5. 6 月生 辰時生 7. 8. 9月生 酉時, 亥
子丑月에 丑時
이 살이 있는 사람이 수액 년을 만나면 구액을 당합니다.

◉ 맹인살(盲人殺)

寅卯辰月生 酉日酉時, 巳午未月生 辰日辰時
申酉戌月生 未日未時. 亥子丑月生 戌日戌時

봉사 아니면 눈에 이상 있다. 부부 같으면 맹인 자식 두게 된
다.

◉ 병신살(病身殺)

乙巳日時 乙未日時 己巳日時 이 살이 있는 사람은 乙巳年을
만나면 병신되며 부부 같으면 지식을 얻는다.

◉ 농아(聾兒)귀 먹어 리살

寅午戌生年 卯時, 申子辰生年 酉時
亥卯未生年 子時. 巳酉丑生年 午時

◎ 공망살(空亡殺直評)

年支空亡 : 每事不成. 財政不好=처도 같이 空亡이 들면 이별
月支空亡 : 부모(父母) 형제(兄弟) 인연이 없다,
日支空亡 : 부부불화, 생사이별, 男女공이, 독수공방한다.
時支空亡 : 무자시(無子息) 年, 月, 日, 空亡은 貴格이 된다.
財星空亡 : 부모가 둘이고 재산 탕진 한다.
官星空亡 : 前科 者 刑厄을 타고난 팔자다.
比劫空亡 : 형제자매 무덕하고 분산한다.
食傷空亡 : 자손이 불효하고. 직업이 업는 건달이다.

◎ 양인살(羊刃殺)

木이羊刃 : 傷身絶命이니 조심하고 신약이면 무방하다.
火가羊刃 : 文書 官災수로 大敗하고 申旺이면 흉하다.
土가羊刃 : 여행 중 적적 도중 객사 조심하라.
金이羊刃 : 교통사고 변사우려 된다.
水가羊刃 : 酒色雜技로 탕진하고 자포자기로 산다.
年이羊刃 : 조업을 파하고 은해를 원수로 갚음
月이羊刃 : 편굴한 성격 자기만 아는 사람
日이羊刃 : 처가 난산하다.
時가羊刃 : 妻를 害하고 말년에 재난 있다.

◎ 자손의감평(子孫의監評)

庚辰日에 庚辰時는 남녀간에 익사(溺死)한다.
申子申生 戌日 戌時와 寅午戌生 辰日辰時 長子 不具者된다.
亥卯未生 丑日 丑時와 巳酉丑生 未日 未時 長子 不具者된다.
陽日陽時 連生 男子와 陰日 陰時 緣生 女息

正官 偏官이 혼잡하니 東西得子 陰日 陰時하게된다.
傷官 官星을 破하면 不具子孫이 있다.
日時가 刑沖하고 六月沖殺이 있으면 자손과 별거하게 된다.
日 時 間에 驛馬가 刑沖되면 자신이 실종된다.

巳未日生 甲戌時은 자식이 자살이 염여 된다.
巳未日生 年 時에 丑 戌이 있으면 자식이자살 한다,
庚日柱에 丙 火가 時에 있으면 자식이 눈이 멀어진다.
壬日柱가 傷官에 官星을 보면 말 못하는 자손 있다.
甲乙日生 月에 丙戌이 있으면 자식이 흉사 한다.

신약사주에 시간에 칠살 편관이 있으면 늦게야 자식을 둔다.
日時干에 相生 相合은 子女가 효도 한다.
辛丑日生 辛卯時 소실 몸에서 得子 한다.
乙日生 甲申時는 多子에 현달 출세한다.
印星이 旺盛하면 딸이 절어서 과부되는 팔자이다.
傷官星이 作合하니 손녀가 걱정되고
印綬가 作合하니 外 子女가 바람난다,

四柱中에 食傷이 太旺하면 子息을 얻지 못한다.

食神이 沖破되면 어린애가 젖지 모자란다, 엄마는 유종을 조심

傷官이 重重하고 官星이 不足하면 애기 낳고 이별한다.

四柱中에 官星이 많고 食傷이 많으면 各性바지 자식 있다.

四柱中에 亥가 셋이 있으면 쌍둥이 아들 낳게 된다.

四柱中에 巳가 셋이 있으면 딸을 쌍둥이를 낳는다.

食傷과 官星이 印星을 形沖하면 첫아이는 친정에서 낳는다.

日時 寅申 卯酉 沖은 無子의 팔자이다.

陰日生이 酉時나 巳時면 연거푸 딸을 낳는다.

傷官 食神 刑沖이면 3번 流産하여 子宮 外 인신 병을 얻는다.

官星 食傷이 同柱에 있으면 과부이고 부정 잉태하게 된다.

◎ 十二支單式監評

子日生 장자(長子) 공직생활(公職生活) 사업대길(事業大吉)

丑日生 목에 태 걸고 출생한다. 癸丑, 丁丑 白虎면 건강을 조심.

寅日生 부모형제중에 후손이 없으며 형제불길한 운이다.

卯日生 母 先亡하고 二母 二夫있으면 타인으로 하여금 손실

辰日生 독신 부모님의 불공 자식 甲辰 戊辰 白虎 불길하다.

巳日生 財福이 있고 관직무면 처자식 불길 병약하다.

午日生 財産은 있으나 40대 후반에 고독하고 외롭다.

未日生 객지생활 家庭不安 타향에서 이중생활 한다.

申日生 독신 외로움 청춘귀신 作害 불전에 기도하라.

酉日生 상부 상처 手足 상처 몸에 신병이 있다.

戌日生 용모단정 철학가 무속인 길하고 유산조신 산신기도 하라.

亥日生 2번 결혼 후손 없다, 몽달귀신 상부 상처로 고독하다.

◎ 직업논감평(職業論監評)

三形殺이 있고 日柱가 丙庚이 있으면 경갈관의 수주이다.
丙庚日生 三形殺이 있고 水木日 戌亥日時있으면 검찰관이다.
丁巳日生 財官格 시干에 偏官이 있으면 法官의 사주이다.
財官印綬에 驛馬가 있으면 外交官 外務部長官 양호하다.
支殺 驛馬에 印綬가 있으면 通譯官이 좋다.

丑月生이 丁巳日은 은행지점장 양호합니다.
丑月生이 庚日과 庚日 丁丑時 은행직원이 될 것이다.
四柱中에 財旺格 또는 從財格은 銀行 稅務 직업이 좋다.
壬日 火가 財星면 飮食物業식당이 좋다.
庚申 庚子 庚寅日生에 亥子丑月은 물 사업이 좋다.

壬申 壬子 壬辰日生은 호텔 여관 숙박업 외 무역업이 좋다生
食神生財 食神이 合하여 財가 있으면 식당 식품 업이 좋다.
土日柱가 食神이 生財하면 米穀商, 農業, 建築, 土石, 업좋다.
地支殺이 驛馬 印星日 財가 있고 寅巳 驛馬면 한공 업 좋다.

木 四柱에 木이 財면 임산 조림 업으로 대성한다.
火 四柱애 火가 財면 전기 업 전기 기술자 직업이 좋다.
金 四柱애 金이 財이면 철물, 금속 업이 좋다.
申酉月에 戊己日生 亥子丑月에 庚辛日生 교수 교육직업 졸다.
寅卯辰月에 丙丁日生 巳午未月에 戊己日生 교육직업이 좋다.
甲申日生 寅巳가 있으면 의학계동 양호하고, 巳日生 寅申이
있으면 의사 약시 좋다. 丁未日셍이 庚戌이 있으면 간호원

戊申日生이 寅巳가 있으면 의사 약사 좋다.
戊寅日生이 巳申이 있으면 약사 의사 생활양호하다.
庚壬申日生 巳申이 있으면 간호사 약사가 좋다.
庚壬寅日生 申巳가 있으면 의학생활 직업이 좋다.

◎ 질병감평(疾病監評)

◆ 戊辰日生은 月이나 時에 辰戌이면 감금당한다.
◆ 巳亥日生 巳亥가 柱中에 있으면 망명 감금당한다.
◆ 癸丑 癸未 癸巳 日生 甲寅時이면 토로횡액 교통사고 조심
◆ 驛馬支殺 傷官 刑殺 있으면 交通事故조심하라.
◆ 戊寅日生 金水木旺 四柱八字는 횡사 익사 가련하다.
◆ 巳午月生 辛未日은 화상 파편 조심하라.
◆ 巳午未월 亥子丑月이 金 水가 많으면 冬傷 수액을 조심하라.
◆ 寅卯辰月 亥子, 卯未日에 寅戌時면 신경계통에 득병이다.
◆ 戊午日生 辰酉月이 있으면 절룸바리
◆ 戊日生 刑殺이 있는 하반신 불구자이다.
◆ 午年 子日生 오년 丑日生 寅, 未 卯. 申은 정신이상
◆ 木火日柱가 身弱이면 정신분열증이다.
◆ 七八九月生 乙丑 甲戌日生에 官殺 混雜이면 失明조신.
◆ 丙日干이 申子辰日生으로 柱中에 辛壬있으면 三角이성있다.
◆ 辛卯 巳未日生 寅卯月이면 칠질 맹장으로 고생한다.
◆ 戊己日生으로 水木金이 많으면 비장 위장의 병이 난다.
◆ 寅巳午未戌月生 甲己寅午巳未戌日生 해수 천식 기침병
※ 이와 같을 진데 잘 살펴서 감평 하시기를 부탁드리면서
  집필을 마감합니다.

운명을 보는 법

著編者 : 한국서예미술진흥회이사 : 현재

發行人 : 법왕불교대학법사단장 : 수훈 이 규동

版權
所有

出版社 : 도서출판 渡丞 출판사

住　所 : 강원도 원주시 무진길 13

編輯者 : 010-3329-1131 법진 신 승도

發行處 : 010-2910-7545 수훈 이 규동

住　所 : 서울 광진구 용마산로27길33

登錄日 : 2022년 05월 01일

登錄番號 : 89-957949-3-5

西紀 2022년 5월 01일 印刷

西紀 2022년 5월 01일 發行

값 50,000원

ISBN 978-89-98422-03-5